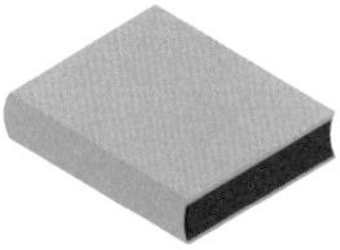

공부머리 독서법

小學生快速提升閱讀素養課

作者－崔勝弼
譯者－林侑毅

目錄
CONTENTS

進階篇

STEP 1

尋找適合孩子的閱讀素養課

依孩子年級與閱讀程度區分，此處列出本書所介紹的十四堂閱讀素養課。對照表格找出適用於家中孩子的閱讀法吧！

<table>
<tr><th colspan="2">年級／閱讀程度</th><th>低落</th><th>一般</th><th colspan="3">深化</th></tr>
<tr><td rowspan="6">國小</td><td>一</td><td rowspan="3">第四課↓第120頁</td><td rowspan="2">第七課↓第194頁</td><td rowspan="6" colspan="2"></td><td rowspan="12">第十二課↓第304頁</td></tr>
<tr><td>二</td></tr>
<tr><td>三</td><td rowspan="4">第一課↓第42頁</td></tr>
<tr><td>四</td><td rowspan="9">第五課↓第142頁</td></tr>
<tr><td>五</td></tr>
<tr><td>六</td></tr>
<tr><td rowspan="3">國中</td><td>一</td><td rowspan="6">第二課↓第66頁</td><td rowspan="3">第三課↓第98頁</td><td rowspan="3">第九課↓第262頁
第十一課↓第298頁
第十四課↓第318頁</td></tr>
<tr><td>二</td></tr>
<tr><td>三</td></tr>
<tr><td rowspan="3">高中</td><td>一</td><td rowspan="3">第八課↓第224頁</td><td rowspan="3">第十課↓第288頁
第十三課↓第312頁</td></tr>
<tr><td>二</td></tr>
<tr><td>三</td></tr>
</table>

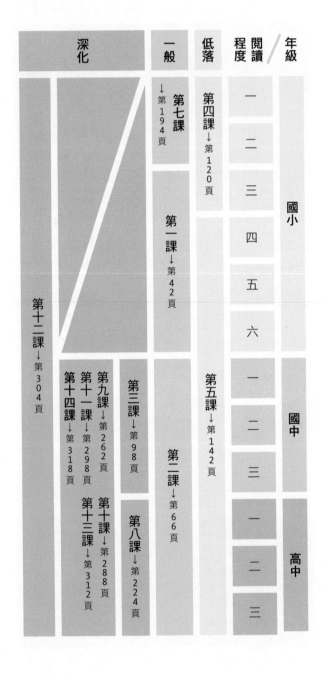

STEP 2

量身打造閱讀計畫

從符合孩子閱讀程度開始，逐步往更高的階段邁進。第一階段的目標，是具備符合同儕程度的語言能力。只要達到這個程度，面對學校課業就沒有問題。加選部分的閱讀法，最好只應用在孩子有意願執行的情況，貿然嘗試可能使孩子失去對書本的興趣。

範例一● 沒有能力閱讀的國小二年級生

必選

改善閱讀能力低落的狀態。
↓ 第四課

閱讀符合自身年齡的書，培養與同儕程度相當的語言能力。
↓ 第七課

加選

反覆閱讀同一本書，培養高於同儕程度的札實語言能力。
↓ 第十二課

範例二● 語言能力優異的國中二年級生

必選

目標是半年後於學測國文科題本測驗進步五到二十分。
↓ 第二課

加選

和孩子討論後，選擇適合的閱讀法。持續執行六個月以上，孩子將具備遠遠高於同儕的語言能力。
↓ 第三課、第八課到第十四課，任選一堂

前言

閱讀，真正的學習法

在我還是菜鳥講師的時候，走進課堂間，發現會讀書的孩子不計其數，甚至平均九十分也進不了資優生的行列。還只是小學生，卻已經在解國中數學問題，上高難度的英文課程，對我國歷史如數家珍，當然也具備豐富的科學常識。雖然行程都被補習班塞滿，孩子們也不感到辛苦，甚至樂在其中。有時和外師玩摔跤，有時和補習班老師閒話家常，也和朋友們盡情玩耍，生活充實有活力。

「早期教育和私人教育[1]的威力不容小覷啊。誰贏得過這些孩子呢？」

我不禁發出感嘆。這是我邁入號稱「韓國私人教育一級戰區」的大峙洞[2]時，強烈感受到的第一印象，也是我的感想。

一年過去。

我教過的學生升上國中，我也開始轉往國中部負責韓國史、世界史的課程。接著他們迎來國中第一次段考，我又嚇了一跳，因為所有人成績竟不約而同地退步了。五個學生裡，只有一個學生平均超過九十分，其餘四個學生的平均成績在七十到八十分之間，甚至有一個學生平均才六十多分。他們可是原本被認為成績會永遠名列前茅的資優生呀。我非常訝異，趕緊詢問前輩講師。

「國小階段當然什麼都厲害，到了國中本來就會退步，升上高中就更不用說了。」

前輩講師一副理所當然的樣子，但是我無法坐視不理。單從外表來看，他們一個個都是聰明絕頂的孩子。我想，連這樣的孩子都可能成績一落千丈，那麼國中教科書的難度絕對是高得離譜。我翻找補習班的書櫃，把國中課本全都挑了出來，並且一本本仔細翻閱。

「咦，怎麼會這樣？」

---

1. 私人教育相對於公立教育，只要不是官方教育，包含家教、函授、補習班等都屬於私人教育，因此全書皆統一稱做「私人教育」。
2. 位於首爾江南區內的補習街，匯集眾多知名補習班。

越是翻閱課本，我越有種墜入迷霧中的感覺。

那只是普通的國中一年級課本。課本內容簡單又初階，讀過就能理解。我實在搞不清楚，這些聰明的孩子怎麼會覺得這些課本困難。我又問了孩子。

「真的很難。國中和國小的程度真的不一樣。」

孩子們七嘴八舌地抱怨。我問他們，除了學校上課時間用的課本，還有沒有讀其他講義或教材。我以為他們可能是用了內容較困難的補充教材，但是孩子們搖頭，說上課和考試都只看課本。

我回到辦公室，攤開理化課本，影印了兩張後面孩子們還沒學到的部分。隨後將影印課本的紙張發給孩子們，要他們仔細閱讀，掌握內容，並且試著說明主要內容。

「我們還沒學過耶。」

一個孩子這麼回答，一副「我們怎麼可能會」的表情。

「就算沒有學過，只要讀一遍也會懂的啊。別管是不是影印的講義，先試著說說看吧。」

我非常訝異的是，沒有任何一個孩子可以正確說明。有些孩子支支吾吾地解釋了可能的意思，儘管如此，理解錯誤的部分還是更多。

我必須陪孩子們一句一句地讀，詢問他們句子的意思，他們才能真正了解。換句話說，這些曾經先修國中數學，可以用英文對話的資優生，在閱讀符合自己年級的課本時，理解能力卻超乎意料的低。孩子們讀完課本後，根本無法理解課本內容。

我決定好好研究閱讀能力和成績的關聯性，當然也想深入了解閱讀書籍和閱讀能力的相關性。話雖如此，我卻不知道該如何著手，因為當時沒有以國中生為對象的閱讀能力測驗方法。所以我想出來的方式，是根據大學入學考試的國文科題本來修改。大考國文科是針對高中考生出題的語言能力測驗，所以我認為只要分析考題類型，將題目難度降低至國高中的程度，就能勉強用來檢測閱讀能力。經過幾週絞盡腦汁，我終於完成三十題的國高中生專用語言能力測驗卷。

測驗結果頗令人驚訝。語言能力測驗成績的高低，和升上國中成績退步的幅度幾乎一模一樣。也就是說，語言能力測驗分數較高的學生，在升上國中後，成績反倒進步，即使成績退步，下滑的幅度也不大；反之，語言能力分數較低的孩子，成績退步的幅度也同樣較大。

當然，只做過一次測驗無法證明結果，不過也足以提出一個有力的假設了。

「假設一：閱讀能力越強，學習能力越好。」

我認為有必要釐清閱讀行為對閱讀能力造成何種影響。當時在我任職的論述補習班[3]，學生每週要讀一本書，並且在課程中討論書本內容、撰寫文章。但是，這樣的設計無法檢視學生的閱讀情況。因為課程進行的前提，是假設學生都已經事先讀完指定讀物了。

我設計了從書本核心內容出題的簡單測驗卷，約有十到十五題左右，稱為「閱讀誠實度測驗」。這些題目非常簡單，只要讀過書本，理解內容，就能全部答對。然而結果令人震驚，十題中答對一半的人竟然少之又少。想必過去大多數學生都沒有好好讀完指定讀物，就糊里糊塗來到補習班討論、寫作。

「之後每週都會進行閱讀誠實度測驗，所以一定要事先讀過再來！」

當然不是我這麼說，孩子們就會都讀完才來。有些孩子老老實實讀完書，也有些孩子不認真閱讀。六個月後，我讓他們再考一次語言能力測驗。按部就班閱讀的孩子，成績明顯高於不認真閱讀的孩子許多。有的孩子成績一下子提高了二、三十分，也有的孩子成績原地踏步。於是我又從中提出另一個假設。

「假設二：閱讀書籍能提升閱讀能力。」

我在補習班十多年以來，見過無數的學生，一路看著他們從國小低年級到高中的學習過程，見證他們的成長茁壯。我陪著他們閱讀，也利用「閱讀誠實度測驗」檢視他們的閱讀情形，並且每六個月實施一次「語言能力測驗」，分析孩子們的成績變化。在這段時間裡，我反覆驗證「閱讀能力越強，學習能力越好」和「閱讀書籍能提升閱讀能力」兩個假設。

那些滿是稚氣又美麗的閱讀筆記，留給我許多珍貴且深刻的印記。那些印記正是成長的紀錄，記錄著每一個孩子如何閱讀，語言能力提升多少，在這過程中成績又是如何變化。孩子用行動證明他們喜歡或討厭哪一類書，以及什麼樣的閱讀法會有大幅進步或者毫無幫助。

回顧孩子們向我展示的閱讀經歷，我不禁驚嘆連連。因為其中隱藏著不計其數的教育和學習的祕密。

「升上國中、高中，為什麼成績會退步？」

「要讀幾本書，怎麼閱讀，成績才會進步？」

---

3. 論述指給考生一段文字或資料，考生必須根據資料表達個人觀點的評分方式。自二〇〇八年起，多所韓國知名大學入學採用面試與論述兩種方式，因而掀起論述補習班的熱潮。

「該怎麼做，才能培養出主動學習的孩子？」
「想要培養出會讀書的孩子，該怎麼做才好？」
「孩子的大考成績比在校成績更差，這個問題該如何解決？」
「有沒有什麼方法可以成為目前升學制度中的贏家？」
「想要培養出喜歡閱讀的孩子，該怎麼做才好？」

在眾多小小閱讀人的閱讀經歷中，隱藏著這所有問題的解答。而我為了宣傳孩子們教會我的事，多年來走訪全國學校、圖書館、教育廳，向學生和家長分享閱讀方法和課業學習方法。

然而，在我演講時，總苦於時間不足。兩小時左右的演講時間，可以分享的內容極其有限。我也非常遺憾無法回答所有人的提問，而這些提問甚至比演講內容更精彩、更五花八門。這正是我提筆撰寫本書的原因。

本書由兩個部分組成，先透過「基礎篇」奠定基礎，再透過「進階篇」深化效果。即使養成了閱讀習慣，多數孩子依然屬於初級讀者，所以必須熟讀本書，利用基礎篇的閱讀法奠定基礎，再進入進階篇的閱讀法。

「基礎篇」共有八章。

- 第一章〈九成的國小資優生為什麼會退步？〉，從現象與統計資料分析孩子在整個教育過程中成績的變化，試圖找出變化的原因。
- 第二章〈語言能力決定成績〉，透過幾個在進入下一學習階段時，成績忽然提高的學生的案例，探討語言能力對學習的影響。
- 第三章〈故事書如何提高成績？〉，觀察孩子每兩週閱讀一本青少年小說，讀完二十本後，其語言能力是否有所成長。同時也試圖了解閱讀故事書對孩子在校各科成績的影響。
- 第四章〈連故事書也不想看，該拿孩子怎麼辦？〉，主要針對閱讀符合自身年齡的故事書，卻無法完全理解的國小低年級學生。同時也介紹閱讀能力低落的原因、預防方法和解決之道。
- 第五章〈和書本絕緣的孩子，找出突破口吧！〉，探討閱讀能力低落的國小低年級生和國小高年級生、青少年的差異，並尋找提升閱讀能力的方法。

• 第六章〈成為「閱讀型人才」的第一步〉，檢視閱讀型人才的形成機制，指出真正對孩子有幫助的教育方法。

• 第七章〈是什麼阻礙孩子獨立閱讀？〉，介紹國小時期的閱讀指導方法和注意事項。

• 第八章〈面對不斷變革的大考制度，我們如何臨危不亂？〉，分析高中時期成績退步的學生類型，及閱讀在目前大考制度中的重要性，並藉此提出短時間內提高在校成績與大考成績的方法。

「進階篇」共有三章。

• 第九章〈知識不該死背，而是融會貫通〉，分析知識類圖書的本質和閱讀知識類圖書的驚人效果。

• 第十章〈熟讀知識類圖書，強化學習力〉，介紹培養孩子成為知識類圖書閱讀王的方法，和知識類圖書的閱讀法。

• 第十一章〈短時間提高語言能力的方法〉，探討培養孩子成為英才的閱讀法原理和實踐方法。

各章結尾皆附有適用不同年齡、閱讀程度的閱讀指導課，可以依照提示執行。

本書內容並非絕世罕見的葵花寶典，而是從文明出現至今，古今中外許多人已經驗證過的真正學習法，也是我在今日的教育現場上，親眼見證其強大效果的學習法。

在這本書中，沒有難如登天甚至神乎其技般的閱讀指導方法，只有孩子們可以立刻落實的閱讀法。我是在第一線教孩子們論述的閱讀教育專家，我比任何人都清楚，最好的閱讀教育是可以落實的閱讀法。

本書將童話書、小說等純粹的創作書籍稱為「故事書」，以傳授知識為目的的書籍則稱為「知識類圖書」。而形式上雖然是故事書，實則主要目的在傳達知識的書籍，也歸類為「知識類圖書」。這本書當然也是知識類圖書。

我在進階篇第十章〈熟讀知識類圖書，強化學習力〉裡，說過一句「知識類圖書是拿著鉛筆讀的書」，必須把要記住的部分、重要的部分畫上底線。

各位準備好了嗎？拿起鉛筆出發吧，就是現在！

聲明——為維護個人隱私，本書所有學生姓名皆以化名呈現。

基礎篇

只是讀小說，
成績就進步？

閱讀符合自己年齡的故事書，是最初級的閱讀行為。

只要一週進行兩至三小時的初級閱讀，就能立刻提高語言能力；閱讀品質一旦提高，便可看見孩子飛躍性的成長。即使閱讀品質只達到基本水準，孩子也已具備符合自己年齡的平均語言能力。然而問題在於，許多孩子根本不具備初級閱讀能力。

第一章

九成的國小資優生為什麼會退步？

前功盡棄

炳浩是各方面都相當優秀的孩子。學業成績平均九十五分以上，熱愛運動，每學年都擔任學生自治幹部，國小六年級甚至獲選學生會長。也由於家教的持續加持，他的英文和數學都已經打下穩固的基礎。學習、運動、領導能力兼具的炳浩，完全是別人眼中的「資優生」。當然，父母對他的期待也相當大。

「因為我未來想進第一志願呀。要進第一志願，不但成績要好，校內得獎經歷也很重要。」

炳浩找上我，目的也是為了進第一志願必備的文學獎經歷。我和他進行了簡短的面談。他雖然不是熱愛閱讀的學生，不過國文成績都在九十分以上。最差的一次是五年級下學期拿到的平均八十八分，但是升上六年級後，成績又再度回到九十六分。除了週末以外，他每天都去補習班。

結束面談後，我遞給炳浩一份基礎語言能力測驗卷。基礎語言能力測驗是我所設計的評量閱讀理解能力的考試，我把學測國文科題本的程度降低，用來測驗國小五年級到國中三年級的學生。

結果炳浩的測驗結果是五十八分，只有國小五年級的程度。

「國小五年級？我們家炳浩？」

炳浩媽媽簡直隱藏不住慌張的神情。因為炳浩非常優秀，炳浩媽媽理所當然認為他的語言能力要比同儕高。其實炳浩媽媽有那樣的反應並不意外，因為許多集父母期待於一身的國小資優生，他們的實際語言能力卻是低於同年齡人的標準。

我告訴炳浩媽媽，炳浩上國中後，成績退步的可能性很大。原因在於孩子的語言能力低於標準值，也過度依賴家教等。

三個月後，炳浩考完國中一年級上學期的段考，平均七十二分。英文、數學好不容易跨過八十分，其餘科目全部落在六十到七十分之間。後來直到國中畢業為止，成績都不見起色。曾經在各方面都相當優秀的炳浩，變成了成績普通的平凡國中生。

在十位國小資優生當中，有七到八位像炳浩一樣上了國中，成績就退步。這種每年不斷重複上演的集體現象，就像在特定季節洄游的鮭魚群，也像在固定季節降下的梅雨。家中現在如果有國小資優生，他們到了國中還能維持優異成績的機率，不超過兩到三成。

大部分家有國小資優生的父母，都以為自己的孩子與眾不同。他們相信，即使鄰居的某某人、親戚中的某某人到了國中成績一落千丈，自己的孩子也不會那樣。因為他們的孩子到目前為止成績都保持在頂尖水準，而且也依然用盡全力學習。他們眼中的子女不但維持優秀的筆試成績，也在補習班上最高級的英文課程，還參加許多先修班，沒放過任何一間口碑良好的補習班，可以說做足了萬全的準備。這些家長甚至認為，如果連自己孩子的成績都會退步，那還有誰能繼續維持優秀的成績。

即便如此，結果依然是殘酷的。肩負父母這種期待的國小資優生中，十之七八免不了成績退步的命運。炳浩媽媽做夢也沒想到，炳浩的成績竟然會有退步的一天。儘管炳浩已經付出一切的努力，成績仍然退步，令人措手不及。

為什麼上國中成績就退步？

我們總以為會讀書的孩子永遠名列前茅。因為經常可以看到孩子在國小四年級是資優生，到了六年級也還是資優生；鄰居小孩國中一年級是資優生，升上國三也還是資優生的情況。實際上有許多孩子在整個國小階段都名列前茅，或在國中階段都維持優異成績，所以自己孩子的成績也會穩定維持在同樣的水準。學生家長們一廂情願地相信一兩次搞砸考試在所難免，不過退步的幅度應該不會太大，過不久就會回到原本的水準。

但是如果將觀察的時間拉長到整個教育階段，情況立刻反轉。孩子的成績變化大多出現在「進入下一個學習階段」時，一旦成績退步，就再也回不到原本的水準。變化後的成績，將就此和自己的成績畫上等號。

國小階段成績名列前茅，升上國中成績忽然退步的情況比比皆是。升上高中時，又會再發生相同的情況。反之，成績忽然進步的情況，也往往出現在這兩個階段。這個現象極其普遍，甚至出現「國小成績是媽媽成績，國中成績是補習班成績，高中成績是學生成績」的說法。

當然，也有一些孩子在整個教育階段都維持優秀的成績，但是案例非常稀少。大多數孩子都在這兩個階段經歷大幅度的成績變化。由於變化的幅度和規模超乎想像，即使是我每年都會遇到的事情，也經常被嚇得說不出話。

究竟在這兩個階段發生了什麼事？為方便說明，我將成績出現變化的國中一年級稱為「第一次劇變期」，將高中一年級稱為「第二次劇變期」。

第一、二次劇變期都有成績劇烈改變的共通點，不過性質有些不同。首先，在升上國中後出現的第一次劇變期，其特徵為「國小資優生大舉脫隊現象」。在這個階段，有七到八成的國小資優生從此停留在平凡無奇的成績。有些孩子退步幅度較小，尚且維持在八十分以上，但是多數孩子像炳浩那樣平均退步二十到三十分。甚至也有人一下子掉到六十分左右。

在這個多數人成績一落千丈的階段，仍有部分孩子成績大幅進步。他們在國小階段雖然不是資優生，但是升上國中後，成績卻忽然衝上平均九十分以上，成了名副其實的黑馬。像這種原本的資優生成績直直落，而成績原本不亮眼的孩子變成資優生的奇特現象，正在各個學校上演。

第一次劇變期結束後，孩子們的成績將就此定型。假設國小平均成績九十五分以上的孩子，在國中一年級成績退步到平均七十分，那麼這個成績將維持到國中畢業為止。反之，成績進步的孩子，也會維持進步的狀態。

如果說第一次劇變期的特徵是成績大幅退步，那麼高中一年級面臨的第二次劇變期，特徵便是「大洗牌」，說得誇張一點，就像把所有人的成績放進籤筒內用力搖晃一樣。超過三十人的班級內，各種出乎意料的結果都可能出現。有些人國小是資優生，國中也不曾掉出全校前二十名，到了高中卻忽然退步到全校七、八十名；也有人國小、國中總是在全校一百名左右徘徊，到了高中一口氣挺進全校前二十名。也可能國中平均七十多分的孩子，上高中進步到八十多分；國中平均八十多分的孩子，上高中卻退步到平均六十多分。當然，也有人自始至終守住資優生的寶座，或者從一而終都是不起眼的成績。各種可能的結果隨時左右著孩子的成績。

在第一次劇變期後，如果成績就此定型，那麼第二次劇變期後通常會繼續維持成績的走勢。換言之，成績進步的孩子繼續進步，成績退步的孩子繼續退步。成績停滯不前的孩子，也將繼續原地踏步。

不少國小家長將孩子目前的成績，看做是衡量大學入學考試競爭力的標準。然而經歷過第一、二次劇變期後，走進高中的教室，幾乎看不出誰曾經是國小資優生。我們找不到任何有意義的證據，來證明身為國小資優生更有利於大學入學考試。這是教育現場上實際發生的情形。以為國小優異的成績可以應付國中成績，國中優秀的成績可以應付高中成績的人，最終將會被這樣的自信擊倒。孩子的成績通常在第一、二次劇變期劇烈起伏，除了幾個例外的情況外，這個現象幾乎是不變的法則。

課本好難喔

出現第一、二次劇變期的原因是什麼？如果拿這個問題去問進入下一個教育階段後成績退步的孩子，得到的答案幾乎如出一轍。

「要唸的東西太多了。」

「課本好難喔。」

孩子們說課本太厚、太難，學習充滿挫折。年級越高，課本自然越難，而他們尤其覺得國一、高一的課本難度最大。

換言之，孩子們因為無法承受難度忽然提高的課本，導致第一、二次劇變期的出現。如果將課業學習定義為「讀熟課本的行為」，那麼這似乎是相當自然的現象。

然而仔細翻閱課本，卻又令人大惑不解。難道國一的課本和高一的課本，真的那麼困難嗎？國一的課本確實比小六的課本困難，但是兩者的差距不會大於小二課本和小三課本的差距。也就是說，只要是真正理解與學好小六課本的孩子，就能完全理解國一課本，兩者間的差距應該是這種程度。高一課本也是如此，只要真正理解與學好國三的課本，肯定有能力學習高一的課本。儘管如此，仍有許多孩子認為國中課本和高中課本過於艱難，以至於出現第一、二次劇變期。實際從旁觀察國中生學習的情形，發現他們對課本難度的恐懼超乎想像。在全體國中生中，至少超過七成的孩子閱讀理解國中課本的能力明顯低落。

那是發生在學生考完國一上學期第一段考後的事。走進輔導室的珠熙，臉上充滿笑容。看來是知道自己準備得相當充分，考出了不錯的成績。但是我拿起成績單一看，有些奇怪呢。英文一百分、數學九十六分、國文八十二分、理化五十二分、社會六十四分……，平均八十二分。考慮到珠熙國小的成績，這樣的分數一點也不值得高興。然而出乎意料的是，珠熙似乎相當滿意。

「本來還很緊張，後來發現沒有我想的困難。」

「英文和數學都考得不錯，其他科目怎麼回事呀？」

「我都在讀英文和數學，沒時間準備其他科目，所以才會那樣。下次再多加油就行啦。」

珠熙並不認為自己的成績退步了。珠熙媽媽也是如此。

「至少英文和數學都考得不錯，那就好了。其他科目也要多努力才行……。要麻煩老師多督促她了。」

在升上國中成績退步的孩子裡，不全是像炳浩那樣所有科目都退步的，也有許多像珠熙那樣，只有數學等特定科目維持在前幾名。這些孩子被視為「準資優生」，他們對自己的成績也較為樂觀。因為社會氣氛普遍強調英文、數學的重要性，所以其他科目成績較差，孩子並沒有看得太嚴重。父母也認為英文和數學先打好基礎，其他科目之後隨時可以追上。

到了段考週，珠熙拿著社會和理化課本來找我。她說讀不懂課本，希望問過我再準備。從第一單元第一章開始，珠熙就卡住了。

國家疆域是指該國主權管轄的地理範圍，即國民可行使作為該國主人權利的範圍。國家疆域包含領土、領海、領空。其中領土為該國管轄的土地，是國家疆域中最重要的部分。沒有領土，領海與領空無法獨立存在。領土亦可透過拓墾等方式擴張。

領海為毗鄰領土之海域，自領海基線[A]起自其外側十二海浬[B]為該國所屬領海。領海為進出海洋的通道，亦是水產資源與地下資源的寶庫，近來領海的重要性日益增加。

領空為領土與領海的上空，其範圍一般限定為大氣層以下。他國航空器未獲得該國的許可，不得任意進入其領空。

——摘自《國中社會》

A 領海基線：即大潮低潮線，是指海洋水位最低時（退潮時）的海岸線。

B 海浬：表示航海、航空距離的單位，一海浬約為一千八百五十二公尺。

閱讀能力正常的孩子，應該會卡在「領海基線」。即便如此，課本也貼心地加上了註釋。所以閱讀這一頁的時間，最多不會超過三分鐘。只要在重要的部分畫上底線，就可以繼續往下讀，考前再熟背畫線的部分就好，這是準備考試的常態。但是缺乏閱讀能力的孩子，卻無法理解這段簡單的短文。

珠熙的第一個問題是：「什麼是主權？」儘管後面貼心地說明「行使作為該國主人之權利」，她還是無法理解。直到我向她詳細說明，「就像其他人沒有得到同意不可以進去你家一樣，其他國家沒有得到同意也不可以進入我國的疆域」，她才點了點頭。珠熙不但無法自己理解「主權」，也無法理解「領海」、「領空」和「海浬」，甚至花了不少時間在理解「領海基線」和「領海為進出海洋的通道，亦是水產資源與地下資源的寶庫」的描述。為了說明領海基線，我必須先說明「大潮低潮線」，也必須讓珠熙知道「海洋水位最低時（退潮時）」是什麼時候。光是掌握這個簡單的內容，就足足花了三十分鐘。考試範圍有一百多頁，如果一頁要花三十分鐘，那麼準備社會科就需要三千分鐘，等於必須花五十個小時。即使一天花五個小時都在讀社會，也要準備十天才行。這還是有人在一旁說明給她聽的情況，難怪珠熙怎麼也學不好。

這不只是珠熙個人的問題。雖然每個人的情況不盡相同，不過英文、數學表現較亮眼的準資優生，大多遭遇類似的困難。甚至在資優生中，也有不少孩子面臨這樣的問題。由於學生無力準備理化或社會、歷史等科目，部分國中甚至在考前事先提示考試範圍。只要將考試範圍完全背熟，就能拿下九十甚至一百分。閱讀能力低落，卻投機取巧靠考前洩題準備考試的學生，在國中資優生中占了不少比例。然而這種取巧的方式也僅限於國中階段而已，因為高中課本要比國中課本難得多了。

孩子升上國中後成績退步，其實不足為奇。不過這個現象反倒令人疑惑：閱讀理解課本的能力如此低落，在國小階段怎麼會是資優生？英文和數學又怎麼可能學得好？歸根究底來看，閱讀能力低落，理應拿到較低成績的孩子，一直以來都是以其他方法獲得高分。第一、二次劇變期不過是這些方法失效，孩子的真正實力展現出來的時期。

換言之，孩子的成績只是回到符合個人閱讀能力的水準而已。

問題在「聽解學習」

「爺爺的財力，爸爸的放任，媽媽的情報力。」

這句耳熟能詳的話，道盡了資優生的三個要件。一言以蔽之，最優質的私人教育能打造最頂尖的資優生。無數案例證明了私人教育的威力。根據對江南三區[4]名校高錄取率、家庭背景與學歷的相關性研究顯示，「窮山溝裡出狀元」的時代早已結束，人們必須盡早放棄這種期待。私教效果最明顯的證據就在孩子本身。把孩子送到數學補習班，原本五十到六十分的數學成績可以進步到八十到九十分；送進英文補習班後，原本好不容易才背熟英文字母的孩子，也開始懂得使用自然發音法。我們不時會聽到鄰居的孩子在教學口碑一流的補習班補習，所有科目成績立刻一飛衝天，或者聽說某某人能考到全校第一名，祕訣就在於昂貴的家教費。這種私人教育的驚人效果，隨處都能直接或間接見證。我們對私人教育的危險毫無防備，因為私人教育就是成績的保證。

父母第一次見證到私人教育威力的時期，就在子女開始學習語文的嬰幼兒期。教師親自上門授課的語文教育效果，猶如魔法一般，原本對文字毫無概念的孩子，竟能緩慢地唸出文字。看著孩子用未脫稚氣的柔嫩臉蛋，讀出路上商店的招牌，從書本封面上找出學過的文字，總令父母滿心驚喜。這個經驗使他們體悟到孩子「只要教就會」的事實，並且暗自決定要教孩子更多。於是小康家庭忙著找昂貴的英文幼稚園，普通家庭則選擇連鎖英文補習班。這一次效果依然驚人，原本連「English」都沒聽過的孩子，竟能開始讀出英文單字、背誦英文句子。父母從此以為學習就像為電腦安裝程式一樣，可以為孩子下載國文程式、英文程式。事情演變至此，我們再也無法脫離私人教育的控制。因為私人教育「只要教就會，不教就不會」的基本思考模式，已經在父母心中根深蒂固了。升上國小後，他們又為孩子報名全科補習班或安親班、專科補習班、音樂教室、跆拳道教室和論述補習班。投資是有效果的，孩子每次總能在筆試中得到不錯的成績，也比同儕的英文程度高，還上進度超前學校許多的數學課。補習班「只要教就會」的思維模式，天衣無縫地貫徹到真實生活中。然而眾所周知，這個模式將隨著孩子進入國中而被打破。

奇怪的是，孩子們並沒有因為升上國中而減少私人教育，反倒花更多的時間上補習班。儘管如此，各科成績依然雪崩式退步。在國小階段發揮驚人威力的私人教育，忽然失去了力量。韓國開發研究院（KDI）金熙三研究員在《為什麼自主學習比私人教育重要？》的研究報告中，也證明了這個事實。這份報告詳細呈現了私人教育與學業成績的相關性，其結果顯示私人教育的效果在國小低年級階段最好，隨著年級的增加，效果逐漸衰退，到

4. 位於首爾市漢江南邊的江南區、松坡區、東草區，為韓國著名的富人區。

了國中三年級，效果基本上已經消失。

私人教育的效果為什麼僅限於國小？其實只要思考私人教育的本質，就能輕易猜到答案，那就是「為孩子詳細說明科目內容」。

孩子接受私人教育後，自己閱讀理解的需要將大幅降低。只要聽完補教老師的說明立刻解題，寫錯的題目重新聽一遍說明再解題就好。這並非閱讀理解的「讀解學習」，而是聽完後理解的「聽解學習」。然而聽解學習的方式存在兩個最根本的缺陷，首先是花費太多時間。課本上的描述有其邏輯系統，因此讀解學習等於朝著目標知識直線前進。只要擁有閱讀理解的能力，就能一路向前，學到需要的知識。但是口頭說明不同，說明冗長且細枝末

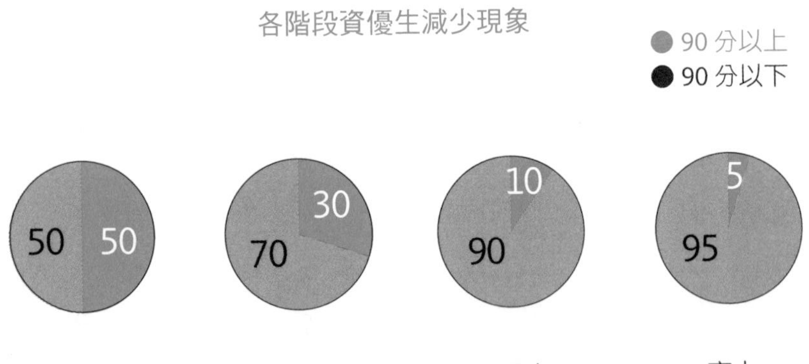

平均 90 分以上資優生比例預測值

節，原本閱讀理解課文只要十分鐘，聽補教老師說明得花上一小時。這種學習方法，無異於捨近求遠。

國小低年級需要學習的科目知識量較少，所以這種效率不佳的學習方式並未造成太大問題。因為科目知識越簡單、瑣碎，說明時越容易。也因為學習量少，即使從頭到尾反覆說明科目內容，時間上依然綽綽有餘。然而年級越大，這種方式越難進行，因為課本的數字增加、厚度增加，難度也增加了。到了國小高年級，完整說明所有科目幾乎不可能。結果便是許多國小低年級的資優生，到了高年級成績直線下滑，然而這不過是成績崩潰的前兆而已。私人教育這種詳細說明的方式，事實上到了國中已經完全行不通。如果要為孩子詳細說明主要科目的課程內容，必須花上大量的時間，連週末也必須投入私人教育才行。然而即使這麼做，也無法達到和國小一樣的學習效果。

私人教育的第二個根本性缺陷，在於極大程度縮減「閱讀理解的經驗」。受過大量私人教育的國小高年級生，大多與書本有距離，最大原因當然是因為沒有閱讀的時間。他們整個星期都得上補習班，剩下的時間只願意花在娛樂上。這個娛樂自然不包含閱讀。讓孩子接受大量私人教育的父母，也都知道大量閱讀的優點，卻不將閱讀放在第一順位。孩子忙著補習、寫作業、玩手機，閱讀永遠被排在最後。孩子的閱讀量已經明顯缺乏，就連教科書也是用「聽解」的方式學習，自然訓練閱讀能力的機會少之又少，下場就是孩子淪為無法閱讀理解課本的國中生。聽課的時候似懂非懂，翻開課本只覺得一片茫然，陷入進退兩難的狀態。這就是七成到八成的國小資優生，成績到了國中開始退步的原因。

診斷孩子的閱讀能力

診斷孩子閱讀能力最有效的方式，是利用語言能力評量工具來檢測，不過只要觀察孩子的狀態，也能多少評估孩子閱讀能力的程度。如果符合以下選項的四個以上，孩子就可能有閱讀能力低落的問題。

□ 討厭國文

國文是能一窺閱讀能力的標準。討厭國文的孩子，大多有閱讀能力低落的問題。

□ 國文成績比其他科目低

重要的是相對分數。若孩子其他科目的成績比國文高十到二十分以上，其閱讀能力低落的可能性相當大。這個國文成績不應看成實際閱讀能力的程度，而是透過補教老師的說明或解題所學習的結果。因為孩子再怎麼認真準備考試，也只能拿到這個分數。反之，若孩子的國文成績比其他科目高十到二十分以上，表示孩子的閱讀能力可能較好。因為這是在學習量不足的狀態下，憑自己的閱讀能力獲得的分數。這些孩子只要再努力一點，拿到滿分也不是問題。

□ 每月平均閱讀兩本書以下

雖然有極少數的例外，不過閱讀量和閱讀能力的關係往往成正比。閱讀量少的孩子閱讀能力較差，而閱讀量多的孩子閱讀能力較好。

□ 閱讀速度快，或是只讀知識類漫畫

閱讀能力的提升，是根據「閱讀理解的過程」。如果孩子的閱讀是只靠眼睛快速瀏覽的速讀法，那麼讀再多書也無助於提升閱讀能力。讀整本都是圖畫的漫畫書，也和提升閱讀能力無關。

□ 私人教育依賴度高

私人教育的本質是「聽解學習」。成績考得再好，也和閱讀能力無關。私人教育犧牲、縮減了最基本的閱讀過程，自然阻礙了閱讀能力的成長。

□ 提問和說話經常不合邏輯

如果孩子說話比同儕更常牛頭不對馬嘴，就可能是閱讀能力低落的表現。這代表孩子無法有邏輯地思考。

□升上國小高年級，平均成績下滑達十五分

如果孩子原本維持在平均九十五分的成績，到了國小五、六年級曾經忽然掉到八十分，就算之後又再回到原本狀態，孩子仍有可能是閱讀能力出了問題。因為這是孩子覺得國小高年級課本變難的徵兆。

□沉迷於電腦遊戲或手機遊戲

過度沉迷電腦遊戲或手機遊戲，會對大腦造成致命傷害。

□寫日記或讀書心得時，常說「寫不出來」

不具備閱讀理解能力的孩子，同樣沒有寫作的能力。如果孩子在寫完三、四行字後，常說「寫不出來」，就很可能是閱讀能力低落。閱讀能力低落的孩子，大多無法從腦袋中找出可以寫的東西。

第一課

一週精讀一本書的基礎閱讀法

適用年齡：國小高年級以上

對於沒有養成閱讀習慣的國小高年級生來說，最適合的方法是讓他們一週精讀一本長篇童話（一百五十頁以上），一年就能讀五十二本。

這裡說的「精讀」，是指完全掌握故事的來龍去脈。如果孩子看著目錄，可以流利地說出故事情節，就算是有確實精讀。要注意的是，如果閱讀速度快於唸出聲的速度，或是讀整本書只有圖畫的「知識類漫畫」，都是沒有效的閱讀。「知識類圖書」雖然也可以做為選項之一，不過沒有經過閱讀訓練的孩子，即使讀了知識類圖書，也可能無法理解書中內容。如果不是孩子自己熱衷閱讀知識類圖書，最有效果的方式還是選擇長篇童話。

一週讀書計劃

第一天	**挑選書本**	每週一次和孩子一起上圖書館或書店，挑選一本要讀的書。
中間五天	**在固定閱讀時間內閱讀**	每週安排三至五次左右的閱讀時間，每次最少安排四十分鐘以上。
	讀完後，與孩子聊書	邀請孩子一起聊聊書本內容，對孩子的說明感到疑惑時，立刻提出問題，請孩子更詳細說明。
最後一天	**給予獎勵**	小小的獎勵可以增進孩子閱讀的興趣，當孩子表現不錯時，可以給予零用錢或買孩子愛吃的食物。

一週閱讀一本長篇童話

一週讀一本以上也無妨，但過於強調閱讀量可能導致閱讀品質降低。**閱讀能力取決於是否精讀書本，而非讀了多少本書。**每週開心閱讀一本書，並且記住故事情節，如此堅持一年，就能具備符合國中標準的閱讀能力。

每本閱讀時間兩小時起跳

閱讀品質與閱讀速度成反比。**速度越快，閱讀品質越差，語言能力提升效果也越不明顯。千萬不可比唸出聲的速度快。**請多引導孩子用適當的速度閱讀。

第二章 語言能力決定成績

成績忽然進步的孩子

俊宇在國小四年級的時候來找我。當時的他，學業成績徘徊在平均五十到六十分之間，每學期媽媽總會被請到學校一次，算是個問題學生。媽媽把俊宇送到論述補習班來，原因只是「多讀一點書看會不會乖一點」。從第一天上課開始，俊宇就沒有事先閱讀指定讀物。雖然我看過不少要賴不想閱讀的孩子，但是第一天上課就沒有事先閱讀的孩子，我還是第一次遇到。

「俊宇啊，這堂課要先讀完書才能來上。今天是第一天，我就不追究了，下次開始一定要先讀完書再來喔。」

「好，我一定會讀。」

俊宇回答得很乾脆，但是下一次上課還是一樣，又沒有事先閱讀。我把俊宇趕出教室外，讓他在班導師旁邊看書。不想閱讀的俊宇和逼他閱讀的我，就此展開長期抗戰。為了讓他閱讀，我用盡了各種方法，又是哄騙，又是發脾氣，也訂了處罰規則，或者單獨找他來閱讀，甚至把課堂上的指定讀物換成俊宇會有興趣的書……。儘管我使盡渾身解數，原本規定一個月該讀四本書，俊宇仍然讀不到一本。他非常調皮搗蛋，也愛吵鬧，只要在教室外聽聲音，就能知道俊宇來了沒。上課時間他也不會乖乖坐著聽課，作文也是隨便交差了事。那時我做補教老師的經驗還不夠，怎麼也抓不到要領。

就這樣過了一年，我想自己恐怕不適合繼續指導俊宇。補習班一般每六個月要向父母報告一次學習狀況，俊宇的報告上，全是沒有認真閱讀的評語。語言能力測驗結果也是敬陪末座。情況至此，通常父母會說「沒有效」、「教不好」，換掉補習班。但是俊宇媽媽反倒向我保證會多關心俊宇，甚至提醒我「別讓俊宇壓力太大」。真尷尬，我一點也不覺得俊宇的情況會好轉。如果教了三、四年，孩子還是原地打轉，那我毫無疑問是個騙子。

大約在俊宇即將升國中的那個夏天，一切忽然改變。那天因為教室內太安靜，我心想「俊宇應該還沒來吧？」，沒想到打開門一看，俊宇已經乖乖坐在位置上閱讀了。他上週還是個在教室裡東竄西跳，四處搗蛋的孩子！——家中男孩愛搗蛋的父母，其實不必太擔心，即使是調皮吵鬧，讓人想不通「怎麼會這麼精力旺盛」的孩子，通常到了一定的時間就會變得安靜，簡直摸不清孩子是什麼時候變成那樣的。他們一般在國中二、三年級會進入那樣的階段，而俊宇則是在較早的六年級出現。接下來發生的，是之前在俊宇人生中未曾出現過的景象——他竟然開始閱讀，而且沒有錯過任何一週。從《旁觀者》（*Bystander*）到《小黃瓜國王》（*Wir Pfeifen auf den Gurkenkönig*）、《少年菀得》、《不殺豬的一天》（*A Day No Pigs Would Die*）……，每一本書都認認真真讀完才來上課，我不禁懷疑這個俊宇是否是我所認識的那個俊宇。因為過於震驚與高興，我連忙問俊宇發生了什麼事。

「最近您指定的書都很有趣耶。之前的書很無聊。」

之前的書當然也很有趣，因為我堅持要選有趣、必讀的書，孩子們覺得無趣的書，我一定從課程大綱裡面拿掉。後來我才知道，俊宇之所以特別喜歡讀青少年小說，其實另有原因。那就是俊宇的閱讀能力有了變化。

起初來補習班的時候，俊宇的閱讀能力非常差，連國小四年級程度的書都讀不了。要他閱讀語言程度高於自己閱讀能力的書，他當然無法理解，也感受不到樂趣。理解不了書本卻還能繼續讀下去的孩子，在這個世界上並不存在。與其說閱讀（尤其是讀故事書）是喜歡或討厭的興趣問題，更多時候是能力問題。再怎麼有趣的故事，如果無法理解，就算拚死拚活也讀不下去；反之，即使是不喜歡的故事，如果能一句句順利讀下去，就算感受不到樂趣，也值得一讀。這正是俊宇從第一堂課就不閱讀的原因，也是他國小階段閱讀狀態不佳的原因。與其說他是愛調皮搗蛋又懶惰才不閱讀，不如說他是沒有理解能力才無法閱讀。

那樣的俊宇在我的強迫下哭著勉強閱讀，並且每個月至少從頭到尾啃完一本書，如此整整維持三年。在這個過程中，俊宇一點一滴地成長，閱讀能力逐漸有了起色，身體也逐漸熟悉坐下來閱讀的姿勢。這個緩慢的成長達到臨界點的時候，正是國小六年級暑假之際。此刻俊宇忽然變得穩重，也轉變成熱衷閱讀的學生。

國一下學期結束時，我和俊宇面談，心裡已經猜到俊宇的成績會大幅進步。我之所以會那樣想，第一個原因在於俊宇突飛猛進的語言能力。原本語言能力還不到同儕平均水準的俊宇，在國一的一年之間，忽然提升到國三的高級水準。雖然還不到非常頂尖，不過至少在閱讀理解國二的課本上，完全沒有問題。

第二個原因是目標明確。在定期面談時，我曾經問過俊宇想上哪一間大學，他的回答竟是想去高麗大學[5]的體育教學系，一副「不過是區區高麗大學」的表情。多數人以為國小成績不好的孩子，容易喪失信心，日後也難以恢復。不過並非一定如此。俗話說「初生之犢不畏虎」，俊宇因為國小階段沒有受過學習的折磨，反倒顯得自信滿滿。「之前成績差是因為沒有好好學習，現在開始加油，我的成績一定會進步的。」再說他也有自己的急迫感，「上課的時候什麼都聽不懂，再這樣下去連一般高中都上不了，該怎麼辦？現在開始，一定要好好學習。」

第三個原因是俊宇不同以往的學習態度。在進入學習前，必須先耐著性子坐在書桌前，而俊宇從六年級的寒假開始，連休息時間也能安靜地坐著。唯一要克服的地方，是他未曾好好學習過，不知道學習的方法和要領。儘管如此，我仍暗自期待他能達到平均八十分的目標。

到了國二上學期段考，俊宇得到了平均九十三分的成績。其餘科目大多滿分，只有理化六十二分。一個不曾好好學習的孩子，竟能在國英數三科拿下滿分！

在國小資優生紛紛跌下神壇的第一次劇變期，仍有部分學生成績反倒進步。俊宇就是這樣的學生。

基礎不穩，真的會跟不上別人嗎？

小學生們站在田徑賽的出發線上，槍聲一響，所有人開始往前衝。跑道上畫著線，寫有國小一年級、二年級、三年級……。進入國小四年級的瞬間，一個男孩摔了一跤，其他孩子此時仍逕自往前奔跑。男孩帶著絕望的表情望著前方的朋友們。此時一句廣告詞緩緩出現。

「國小四年級，奠定基礎的重要時刻。」

這是許久前電視廣告的其中一幕。這部廣告寓壓力於無形之中，強調沒有從國小開始奠定穩固的基礎，就無法跟上別人。這正是我們社會看待學習的普遍態度。基礎不穩，就會落後別人一大截。我把它稱為「學習基礎理論」。

學習基礎理論的意思是，「低年級基礎打得不穩，高年級的學習將大打折扣」。沒有學好加法、減法的孩子，不可能學好乘法、除法；乘法、除法不熟練的學生，根本無法運算因數分解。他們沒有能力理性思考，找出錯誤的地方。底部的磚頭沒有疊好，又如何能蓋好一間穩固的房子？

5. 韓國僅次於首爾大學的第二名校。

這個理所當然的思維，造就了今日社會上常見的一些教育現象。例如不少家有國小低年級學童的父母，堅持孩子要拿到全科滿分，因為他們擔心，「如果連現在都不能拿到全科滿分，到了高年級成績肯定會退步更多吧？」他們的策略是先打穩基礎，避免到了高年級成績退步。然而現實總是不如人意。我們前面說過，不計其數的孩子儘管基礎已經打穩，成績依然退步；反之，也有不少像俊宇一樣基礎不穩，升上高年級成績卻進步的孩子。為什麼會發生這樣的事？原因在於重新打好基礎並不如想像的困難。只要語言能力強，並且擁有堅強的意志力，想要在短時間內奠定各個科目必備的基礎知識，並非難事。

就拿數學來說，國小一年級一整年都在學習加法和減法，可見理解與學會加、減法的運算邏輯，需要相當長的時間。這是因為國小一年級學生的平均思考能力，也就是語言能力較低，因此需要花上更多的時間才能掌握。但是假設某個高一生莫名忘了一切數學相關的知識，必須重新學習加、減法，會是什麼樣的情況？這個學生要完整學會加、減法，或許花不到十分鐘。這是因為就高中一年級的語言能力而言，學習加、減法簡直易如反掌。國小一年級得花一年磨練的課程學習量，對高中一年級而言，僅是短短十分鐘就能學會的瑣碎知識。

再說，並非所有科目都需要這樣的基礎。不是沒有國小六年級自然科的知識，就學不了國中一年級的理化。數學以外的科目即使缺乏基礎，只要確實理解課本，隨時都能考到滿分。俊宇這類孩子，證明了這樣的事實：**只要具備閱讀理解國中課本的語言能力，隨時都能重新打穩脆弱的基礎**。所以真正重要的基礎，並非裝在孩子腦袋中的知識量，而是習得知識的能力、閱讀理解文章的語言能力。

「熱衷閱讀，但是在上頭花費太多時間。對課業意興闌珊，設定目標有困難。有時行為脫序。」

這是蘋果創辦人賈伯斯國小成績單上的評語。在國小三年級以前，賈伯斯一直是經常翹課的問題兒童，成績當然也不好。從課業知識方面來看，賈伯斯完全是不及格的學生。

然而升上國小四年級後，賈伯斯出現了改變。多虧希爾（Imoegene Hill）老師的體貼與關心，撼動了賈伯斯的心。賈伯斯希望讓希爾老師開心，這樣的想法使他蛻變為資優生。希爾老師對賈伯斯的學習能力大為吃驚，並讓賈伯斯接受「學習能力測驗」，結果賈伯斯的學習能力，已經達到高中二年級的水準。換言之，還是國小四年級生的賈伯斯，已經具備閱讀理解高中二年級課本的語言能力了。這相當於高二生坐在國小教室上課，從其他學生的立場來看，賈伯斯自然是「無所不知的強者」。賈伯斯之所以具備這種程度的語言能力，原因自不待言，都得多虧「花費太多時間在閱讀」。再沒有比閱讀更能明確提高語言能力的方法了。

也許這時有人會提出一個根本的問題：「從沒好好讀完一本書，還是考進了名校的人，又該怎麼說？」的確，透過語言能力測驗可以發現，有些孩子無論有沒有閱讀，語言能力仍超乎水準。也曾有國中生說自己至今讀不完一本書，後來在大學考試國文科拿超過八十分的案例。這種即使平時沒有閱讀，仍具有較高語言能力的情況，大多是天生的特質造成，而非能力高低決定。例如對不懂的問題絕不輕易放棄的偏執個性，或是對問題本身充滿好奇的思維模式，就能在日常生活中或準備學校課業的同時，無形中提高自身的語言能力。平時想法天馬行空的孩子，還有擅長察言觀色的孩子，就屬於這類情形。這些孩子不閱讀也能進名校，並非值得驕傲的事，而是令人惋惜的事。具備這種特質的孩子，其閱讀效果也非常驚人。原本可以蛻變為頂尖人才的潛力，卻因為不閱讀而被埋沒，實在可惜。

國小階段得到多少分數，意義並不大。相較於此，更重要的是「與同儕相比，孩子具備何種程度的語言能力」。偶爾會出現孩子明明語言能力好，成績卻退步的情況，但是絕對沒有語言能力差，卻能維持優異成績的情形。語言能力低落的孩子，在第一次劇變期成績必定會退步。我當論述老師十二年來，沒看過任何一次例外。**語言能力就是學習能力**。

學霸的共通點

有些孩子看來不怎麼學習，成績卻相當好，我們常說他們有一顆「學習金頭腦」。在我親自帶過的學生當中，這方面表現最傑出的就是軒舟。軒舟是虔誠的基督教徒，即使是高三時期，仍把教會活動看得比學習重要。週末基本都在教會度過，平日也花大量時間閱讀聖經或基督教書籍。我時常在想他究竟什麼時候學習，然而令人意外的是，他的成績總是名列前茅。我更驚訝的是，軒舟在高三大考前的最後一個暑假[6]，竟然跑去參加短期傳教活動。其他人全都拚了命準備大考，軒舟卻在那段時間去了一趟短期傳教活動，回來後還從容地考上了名校。這種情況較少發生，不過確實存在。主播出身的旅行作家孫美娜，也曾

6. 韓國第一學期於每年三月開始，故大考前最後一次長假為暑假，與臺灣相反。

在廣播中透漏自己高三暑假和父親一起旅行歐洲的經驗，並表示多虧那次的旅行，她才能在剩下的三個月全力衝刺大考。

大部分考生過著水深火熱的備考生活，甚至出現「三上四落」（一天睡三小時能上榜，睡四小時就會落榜）的說法；而一小部分考生像是活在平行世界，盡情體驗人生，又能輕鬆攻略大考。為什麼會出現這樣的差別？

我們都認為高中生花很多時間在學習。從投入的時間來看，確實如此。學習這件事，幾乎占了高中生一天大部分的時間。結束學校的學習，還得上補習班的課，回到家最早也是九點。意志力堅強的孩子繼續學習到凌晨一點才睡，其他孩子回到家大多滑手機或玩一下遊戲，當然也有人看電視。即使這樣玩樂，他們也沒有罪惡感，因為已經學習了一整天。休息一段時間後，才繼續準備實作評量、寫補習班作業、聽ＥＢＳ網路課程。可以說每天過著只有學習的生活。到了考試期間，甚至得準備到凌晨。

問題是即使這樣將學習塞滿整個生活，有些人的成績依然原地踏步。所以才會有三上四落的說法。已經花那麼多時間學習，成績還是沒有起色，顯然要再投入更多時間學習。坦白說，即使是諾貝爾獎得獎人，也沒有熱衷學習到「三上四落」的程度。

其實，問題就在於孩子的「實際學習時間」並不長，他們過著「只有學習的生活」，而非「學習生活」。大部分孩子的實際學習量和花費時間完全不成正比。孩子的主要學習方式為「聽課」，他們在學校、補習班乃至於網路課程上，花了大部分的時間聽課。這才是最大的問題。

教育科改革研究所李惠貞所長在其著作《首爾大學裡誰拿A⁺？》中，詳細介紹了聽解學習法如何缺乏效率。該書收錄了美國哈佛大學馬佐（Eric Mazur）教授的課程內容，其中有一個在MIT媒體實驗室中得到的有趣結果：實驗讓一名大學生穿戴可測量交感神經的器材，追蹤交感神經活化與不活化的兩種情況。結果發現交感神經最不活化的時候，是在看電視和上課期間。換言之，進行這兩種行為時，人腦比睡眠時處於更呆滯的狀態。如果上述研究結果正確，可以說我們的孩子正以呆滯的狀態度過大部分的學習時間。

當然，會讀書的孩子也受惠於私人教育。EBS紀錄片《何謂學校？》的製作團隊，曾對此進行大規模的問卷調查。在排名前〇．一%的資優生當中，接受過私人教育的孩子有六十．八%，而一般學生則是七十一．二%，相差十．四%。然而實際差異遠大於調查呈現的數值。因為〇．一%的資優生只是「接受過」私人教育，並非「持續接受」私人教育，如果有較不擅長的部分，可藉由私人教育來加強，只要達到目的，便可以立刻停止。反之，一般學生大多必須持續接受私人教育。

〇．一%的資優生沒有繼續接受私人教育的原因，在於缺乏效率。私人教育有固定的進度，不論學生會還是不會，都必須聽完所有說明。再說只靠耳朵聽課，無法成為孩子理解並學會的知識，課後還必須複習。等於一而再、再而三地浪費時間。

學習必須靠自己，才能成為自己的東西。從上述接受私人教育的模式調查顯示，會讀書的孩子多靠自己學習，不擅長的部分才接受私人教育；而不會讀書的孩子高度依賴私人教育，只有作業靠自己寫。由於後者幾乎不會主動複習，實際學習量自然微乎其微。結果就是投入大把時間和金錢，甚至累到對學習產生倦怠感，卻依然沒有學到什麼，陷入莫名其妙的狀態。

儘管如此，如果現在立刻停掉所有私人教育，開始自主學習，孩子的成績就會進步嗎？不，進步的可能性不大。因為長期沉浸在私人教育中的孩子，其自主學習的能力明顯低落。實際從旁觀察高度依賴私人教育的孩子在假日自主學習的情況，其學習態度相當散漫。他們無法乖乖坐滿一個小時，一直吵著「要上廁所」、「要喝水」。午餐時間外出吃飯，基本要一、兩個小時才肯回來；有時教室過於安靜，還以為正在學習，仔細一看，原來鼻子已經貼到書桌上，正呼呼大睡。如此一來，一天即使坐滿十二個小時，實際學習量也是九牛一毛。

我們看見這些孩子，總會說他們缺乏意志力、無心學習。然而意志力或決心並非真正的問題。**這些孩子無法集中注意力，是因為課本或參考書太難，沒辦法閱讀理解**。自主學習時必須順利推進進度，才會從中感到樂趣，也才能專注，如果怎麼讀也讀不懂，自然無法耐著性子坐下來，只好重回補習班的懷抱。至少在補習班聽老師說明，好像還知道是什麼意思，也感覺自己正在努力學習，心裡比較安心。雖然從學習量的觀點來看，效率非常低……。

軒舟的情況正好相反。他本身已擁有優異的語言能力，又能在有限的學習時間內全心投入學習。例如學習自然的某個單元時，能以最完美的型態將該單元的知識儲存在腦袋裡。由於學習一個單元沒有花費太多時間，所以儘管他的學習時間短，成績仍然考得不錯，自然信心大增。如此一來，對自己想做的事情也有了挑戰的慾望。他們相信即使面對其他挑戰，自己也有能力做到最好。事實上他們也都做得不錯。

在優異的語言能力背後，必然有閱讀行為的積累。軒舟說過自己從小《聖經》不離身。《聖經》並非容易閱讀的書籍，不但是文言體，有許多艱澀的詞彙，書中的時代與背景也較為陌生。單純讀過一遍無法掌握正確意思，必須讀完後思考，再重新閱讀，重新思考。但是，軒舟已經從頭到尾讀完數十遍這本艱澀的書，甚至也背下不少句子，能夠在對話中自由引用。更不用說他對基督教教理爛熟於心，可以和無神論者的我進行深入的討論。軒舟這種始於《聖經》的閱讀經歷，從宗教書籍逐漸擴大至文學作品。其他孩子還在進行聽解學習時，軒舟早已累積豐富的閱讀經歷，結果便是具備其他人望塵莫及的語言能力。

對於能閱讀理解《聖經》與宗教書籍、艱難的大部頭世界名著的孩子而言，高中課本不過是讀過一遍就能輕鬆理解的書本。到這種程度的話，學習再也不是惱人的事了。就以年齡相近的國際企業家比爾・蓋茲和賈伯斯為例，他們都在一般人準備大學考試的高三時期創業。比爾・蓋茲與保羅・艾倫（Paul Allen）共同成立名為「Traf-O-Data」的軟體開發公司；賈伯斯與鄰居沃茲尼克（Steve Wozniak）則製造了能駭進電話公司，免費撥打市外電話的「藍盒子」（blue boxes），並成功售出。

孩子的學習力高低，取決於他的閱讀經歷多寡。軒舟比其他孩子讀書讀得更多、更精，而閱讀的質與量的差異，造就了他與眾不同的學習金頭腦。比爾・蓋茲和賈伯斯又比軒舟讀書讀得更多、更精，而這樣的質與量的差異，使他們擁有常人難以企及的金頭腦。這也是為什麼許多功成名就的名人，總是不厭其煩地強調閱讀的重要性。

想成為擅長學習的孩子，閱讀是最確實有效的方法。

輕鬆提高學習力的方法

透過閱讀培養學習金頭腦，並非肉眼看不見的抽象轉變，而是像更新電腦零件一樣，真正將孩子的腦改變成結構上、物質上完全不同的另一顆腦。

人腦有一千億個神經細胞（神經元，neuron），這一千億個神經細胞透過名為突觸（Synapse）的結構相連。突觸與突觸間連結的緊密度與順暢度，決定了一個人的智商與情商。有趣的是，這種連結方式會不斷隨著人腦用腦的方式而改變，腦科學界稱之為「神經可塑性」（Neuroplasticity）。

用腦越頻繁，突觸的連結方式越能得到改善與強化；用腦越少，連結會越鬆散甚至斷開。例如某個學生越努力學習數學，在解題時使用到的突觸連結越緊密，進而達到下意識反應的程度。一開始學習加法、減法時，需要思考一段時間，這是因為與加法、減法相關的突觸連結尚未形成。只要熟悉加法、減法，之後即使數字改變，也能輕易解題。相關突觸的連結形成後，腦中加法、減法的道路將一路暢通。在這種狀態反覆解題，與加法、減法相關的突觸連結將完成「自動化」。一看到加法、減法問題，便能下意識瞬間解題。

相反的現象也會發生。原本精通英文的人如果十年沒有使用英文，相關突觸連結將會斷開，變得說不出英文。突觸連結的形成與斷開，並不只限於某些特定的知識。在思考能力、語言能力方面，也會發生這樣的現象。

二〇一四年，經濟合作暨發展組織（OECD）曾針對二十二個會員國的十五萬名民眾實施實質文盲率調查。所謂實質文盲，是指能讀出文字，但是掌握字義的能力較低的人。調查結果頗令人訝異，韓國中壯年齡層的實質文盲率在二十二個國家中排名第三。換言之，在韓國的中壯年齡層中，不少人連電子產品說明書或用藥方法等簡單的文字都無法理解。韓國中壯年齡層的語言能力如此低落，與世界最低水準的閱讀率有著密切關連。一般人平時幾乎沒有閱讀高難度長文的訓練，所以閱讀理解文章的突觸連結全退回原樣。

說話不必特別教育也能自然而然學會，這是因為我們腦中有掌管說話的專業區域——威氏區（Wernicke's area）與布氏區（Broca's area）。說話是我們與生俱來的能力，早已內化於基因之中。反之，閱讀並非先天的能力，必須藉由人為的學習，才能熟悉文字。這是當然的——現代人類出現於二十萬年前，而文字發明最早不過是六千年前的事。

由於我們腦中沒有掌管閱讀的獨立區域，要學會閱讀，腦中各部位必須像一支足球隊一樣分工合作。枕葉（Occipital lobe）先將眼睛接收到的視覺資訊傳遞至顳葉（Temporal lobe），顳葉迅速將它解讀為聲音，例如把「人」讀為ㄖㄣˊ，「手指」讀為ㄕㄡˇㄓˇ。額葉（frontal Lobe）由顳葉接收到解讀後的讀音，推敲該文字的意義，例如把「ㄖㄣˊ」和實際的人類相連結，把「ㄕㄡˇㄓˇ」和實際的手指相連結。將上述分析後的單字全部串聯起來，才能理解這樣一句話——「在那個人的手指上，有個原因不明的大傷口」。隨後，腦中掌管情感、情緒的邊緣系統（Limbic system），發出「一定很痛吧」、「真糟糕」的情緒。

在分析一段話時，必須像這樣動員腦中幾乎所有的部位。不過一個大量閱讀的熟練讀者並不僅限於此，他們更進一步提出各種問題，例如「為什麼會受傷？」、「發生了什麼事？」、「是男生，還是女生？」這些問題讓文字的理解變得更深入、更貼近當事人。

閱讀時，人腦受到全方位的刺激與活化，這已經在眾多研究中獲得證實。日本東北大學醫學院川島隆太教授也是進行這類研究的其中一人，他利用核磁共振影像（MRI）拍攝腦部活動，發現閱讀時腦部活動相當活躍，是從事其他活動時無法相比的。

頭腦越用越好，而閱讀是讓頭腦保持活躍的行為。**因此，閱讀才是升級頭腦最輕鬆、最**

有效的方法。

假設現在有兩個剛升上國小六年級的學生，一個是閱讀量豐富的熟練讀者，另一個是沒有閱讀經驗的初級讀者。讓他們戴上可以測量腦部活動的裝置後，閱讀國小六年級社會課本。兩人的腦部活動將會出現什麼樣的差異？

美國塔夫茨大學研究認知神經科學與兒童發展的瑪莉安・沃夫（Maryanne Wolf）教授，在其著作《普魯斯特與烏賊：人類大腦如何演化出閱讀能力》（*Proust and the Squid: The Story and Science of the Reading Brain*）中，曾說明初級讀者與熟練讀者的差異。根據其研究，初級讀者在閱讀期間整個腦部相當活躍，熟練讀者的腦部只有部分區域較活躍。這代表初級讀者必須用上整顆頭腦來理解國小六年級社會課本，而熟練讀者只需要使用部分的腦力就能理解。

前面曾經說過，只要反覆進行特定的活動，突觸的連結將達到自動化的程度。閱讀也是一樣的。由於初級讀者尚未熟悉閱讀理解文章的過程，必須用盡各種辦法來掌握與理解單字的意義。為了理解一段話，必須全面動員右腦與左腦，瑪莉安・沃夫教授稱之為「使用背側流」（Dorsal stream）。反之，熟練讀者在整個閱讀過程中，有相當部分已經自動化。從判讀字形、連結字義，再到組合許多單詞，掌握句子的意思，這個複雜的過程已經在他們腦中形成一套簡潔的程序，速度可比在筆直的公路上奔馳。所以熟練讀者只使用左腦，就能達到有效的閱讀，瑪莉安·沃夫教授稱之為「使用腹側流」（Ventral stream）。

如果用料理來形容學習，那麼使用背側流的初級讀者就像剛開始學習料理的外宿族。外宿族在料理前，得先上網尋找食譜，了解需要哪些食材後，再上超市購買食材，回家後開始手忙腳亂地料理。反之，使用腹側流的熟練讀者就像手下帶領十位料理高手的頂級餐廳主廚。需要的食材早已備齊在冰箱裡，食譜也已經熟記在腦中。料理開始後，底下廚師便主動完成處理食材這類基本的前置作業，主廚只需要專注於料理本身。如此一來，自然短時間內就能輕鬆完成令人驚豔的料理。

外宿族和頂級餐廳主廚一起參加料理大賽，誰的勝算大？結果不用想也知道吧！

如何度過第一、二次劇變期，將決定孩子之後的成績。決定命運的要素不在於基礎知識，而是語言能力。提升語言能力最確實的方法，就是閱讀。閱讀還需要什麼理由嗎？答案都在書本裡。

什麼是「語言能力」？

根據辭典上的定義，語言能力是指「能正確理解語言文字，並透過語言文字確實表達訊息或自身意見的能力」。本書使用狹義的概念，指的是能運用於專業學問的語言能力，亦即閱讀理解文章的閱讀能力與條理分明的思考能力。

語言能力＝閱讀能力＋思考能力＝學習能力

◆ **閱讀能力**

指閱讀文章，掌握文意的能力，是打造學習力的關鍵。各年級課本難易度皆符合自身年齡的語言程度，若閱讀能力高於自身年齡，則學習能力越好；閱讀能力低於自身年齡，則學習能力越差。

◆ **思考能力**

人類使用語言思考。語言程度越複雜、敏銳，思考能力越強；語言程度越單純、遲鈍，思考能力越差。語言能力強，則能進行更邏輯、正確的思考，也能明確區分合理與不合理的論點。

◆ **學習能力**

語言是從事學問的核心工具。因為我們透過語言理解知識，並使用語言說明自己所知的知識。學習能力由兩種能力組成，一是能理解艱深文章的閱讀能力，二是利用自身知識全方位思考的思考能力。本書所說的語言能力，指的就是學習能力。

語言能力強

- 好比電腦性能較使用環境強。
- 資訊處理速度快且正確。

∨

自身年齡課本的語言程度

∧

語言能力弱

- 好比電腦性能較使用環境弱。
- 資訊處理速度慢且錯誤。

第二課

符合年齡語言能力的基礎閱讀法

適用年齡：國中

這個方法適用於沒有養成閱讀習慣的國中生，要求他們每兩週讀一本青少年小説（兩百五十頁以上），一年就能讀二十六本。如果閱讀時能記住整個故事情節，並堅持此閱讀法兩到三年，孩子將可具備大學入學考試國文科七十分（相當於高二程度）左右的語言能力。如此一來，不僅高中在校國文成績可以維持高分，也有能力自行閱讀理解社會、自然等其他科目課本。

雙週讀書計劃

第一週	**挑選書本**	每兩週和孩子上一次圖書館或書店，挑選一本要讀的書。
	閱讀前半部	與孩子一起商量後，安排閱讀時間。如果孩子會自己安排，不一定非得安排固定的閱讀時間。
	對話	和孩子一起聊聊書本的主題。針對疑問點提問。
第二週	**閱讀後半部**	讀完整本書後，再次對話。
	對話	

兩週閱讀一本青少年小說

若要求只是初級讀者的孩子閱讀超過這個程度的份量，可能導致孩子抗拒閱讀。青少年小說的語言程度高於長篇童話，最重要的是挑選難度低、有趣的書本來閱讀。

每本閱讀時間四小時起跳

或許有人會懷疑，閱讀青少年小說對語言程度能有多大幫助，事實上曾有國三學生只靠著閱讀青少年小說，就在大學入學考試國文科拿下八十七分（相當於高三程度）。**重要的是閱讀的質。閱讀速度越慢，思考越深入，語言能力提升幅度也越大。**

第三章 故事書如何提高成績？

閱讀教育的核心不是知識

孩子的成績隨時可能一落千丈。語言能力低落的孩子，無異於朝瀑布流去的獨木舟，無論現在如何努力學習，時間一到必定退步。想要防止這場災難，最有效的方式是透過閱讀提高語言能力。但是這並不如想像中的容易。到目前為止和書本絕緣的孩子，不可能某天忽然變成每天熱愛閱讀的讀者。尤其是已經成長到一定年齡的國中生和高中生，更是難上加難。連溜冰鞋都不會穿的人，卻急著先學下坡滑雪，必定會摔得鼻青臉腫。我們必須放下速成的慾望，秉持按部就班的學習態度才行。

對此，首先任務是推倒孩子和書本之間的高牆。必須讓孩子對書本「無聊、令人頭痛、枯燥乏味」的想法改觀，引導孩子自然而然地閱讀書籍。最重要的是讓孩子主動說出：「哇，比我想像的還有趣！」其實父母也沒有選擇的餘地。如果孩子感受不到閱讀的樂趣，就算可以逼孩子坐在書桌前，也無法讓孩子讀得下書。所以**閱讀教育的核心不在於「知識」，而是「樂趣」**。能幫助孩子最容易也最快達到這個目標，正是童話或小說一類的故事書。

如果閱讀是有益身體的藥，故事書就是一顆包裹著糖衣、容易入口的藥丸。閱讀訓練不足的孩子在閱讀文章時，只會感到痛苦。使用背側流的初級讀者在閱讀時，必須全面啟動腦袋，用更通俗的話來形容，就是閱讀令他們「一個頭兩個大」。但是有趣的故事書具有魔法，能用引人入勝的故事消滅這種「一個頭兩個大」的困擾。我想在這裡提醒各位父母，千萬別給孩子看延伸學習型的故事書，例如歷史故事書、自然故事書等，反而可能讓孩子這也學不好，那也學不好。必須是純粹的故事書才行。我再次強調，第一目標是讓孩子覺得書本「有趣」。

「老師，讀故事書對學習有什麼幫助呢？」

學生家長經常這麼問我。這時，我心裡總想這樣反問。

「那麼知識類圖書對學習有什麼幫助？」

我不是說知識類圖書不好，知識類圖書是能達到絕佳閱讀效果的書籍。問題是初級讀者沒有閱讀知識類圖書的能力。他們就算讀了也無法理解，大多在攤開書本後的二十分鐘內宣告放棄。即使有超乎常人的耐心，能從頭到尾讀過一遍，結果也是一樣的，因為他們幾乎無法理解書本內容。他們不是閱讀理解文章，而是單純的讀字，這種閱讀方法當然不會有任何閱讀效果。閱讀理解文章的行為本身才重要。

我們經常以為故事書和學習沒有直接的關係。「就算能陶冶品行、情感或禮貌，也跟學習沒有關係吧。」所以一些父母看見孩子在讀童話或小說，甚至搶下孩子手中的書，質問孩子為什麼讀這種沒有用的書。當然，故事書的目的不在於傳達知識，但實際上過課後，我認為沒有比故事書威力更強大的書了。在閱讀故事書的過程中，孩子們的語言能力不斷提高。按部就班閱讀六個月後，成績開始改變；閱讀一年後，連大學入學考試的分數也進步了。

兩週只讀一本書就夠了

第一次見到秀民，是在他國三上學期的時候。秀民的英文、數學在九十分以上，其餘科目在六十到七十分左右，屬於分數中上的學生。秀民就像多數孩子一樣，幾乎沒有閱讀的經驗。簡單交談後，我遞給秀民一份語言能力精選題本，並且交代他幾個答題原則。

「沒有限制時間，只要盡全力寫完就可以。我得先告訴你，寫完幾題後，你可能會覺得頭痛。這份精選題本並不好寫，最重要的是堅持寫到最後。」

我遞給秀民的精選題本，是二〇一四年大學入學考試國文科考卷。只不過我從四十五道題中，剔除古典詩、古典小說、文法問題共十五題，這些題目必須上過高中課程才答得出來。我通常用這份精選題本來檢測補習班國中新生的語言能力。我之所以讓國中生寫大考國文科考卷有兩個原因。

首先，大考國文科考卷是絕佳的語言能力檢測工具。大考國文科有各式各樣的題型，例如對話、報告、小說、詩、說明文、論說文等，幾乎涵蓋了所有類型的題目。雖然是國文科，看似只會出現國文相關的考題，但是不盡然如此。科學、技術、歷史、政治、哲學等，各個領域的知識都是出題範圍。如此題型豐富、領域多元的考題，還是由頂尖的考試委員所出題，可信度無庸置疑。再說這些題目並非從高中課本摘選出來的，而是根據「高三學生有能力閱讀理解的文章」的原則選題（當然也有從大考延伸學習教材中出題的）。換言之，這些大多是高中生或國中生第一次看到的題目。透過這份精選題本，便能比較受測者的語言能力和高中三年級的差異。就我個人而言，因為已經連續七年使用大考國文科考題來檢測學生，所以立刻就能判斷受測者在同儕之間的語言能力高下。

此外，利用大考國文科考題檢測，也可以預測孩子在校成績和大考成績的差異。一般而言，在校成績和大考成績彼此並不相關。有的學生在校成績高，大考成績差；也有學生在校成績差，大考成績高。在校成績和大學成績差二到三級分的情況比比皆是，例如在校成績百分比高，大考成績卻只考出十級分，或者在校成績百分比不高，大考卻考出滿級分等，類似情況多不勝數。如果孩子的大考國文科分數相對同齡國中生高，那麼大考成績很可能比在校成績高；如果相對較低，則大考成績很可能比在校成績低。如果大考國文科分數和高三生相比毫不遜色，就更不用說了。這類學生雖然只是國中生，卻已經具備高三程度的語言能力，在進入第二次劇變期時，維持優秀成績或成績繼續進步的可能性相當大。

回到秀民的精選題本，國三的孩子平均分數為四十到四十五，而秀民的測驗分數為四十二分，考試時間花費一個半小時左右。雖然稱不上非常優秀，不過閱讀理解青少年圖書沒有太大困難。於是我立刻安排課程。

閱讀方式非常單純，第一週先讀一本書的前半部，第二週再讀剩餘的後半部，等於兩週閱讀一本。我之所以選擇這種方式，是因為考量孩子們的平均閱讀水準。澈底精讀一本指定讀物時，閱讀時間需要三到五個小時。一週投資三到五個小時閱讀，坦白說並不算長，不過仍有不少孩子備感壓力。這是因為他們沒有做好閱讀的訓練，生活又被補習教育填滿。實際進行一週一本的閱讀時，多數孩子都沒能把書讀完。因為沒有好好讀完指定讀物，上課效果自然是一塌糊塗。所以我最後忍痛選擇的方案，便是兩週閱讀一本。將閱讀量調整為一週投入兩到三小時，兩週就能讀完的程度。

或許有人會問：「一週只讀兩到三個小

兩週閱讀一本書後，
秀民的大考精選題本分數變化

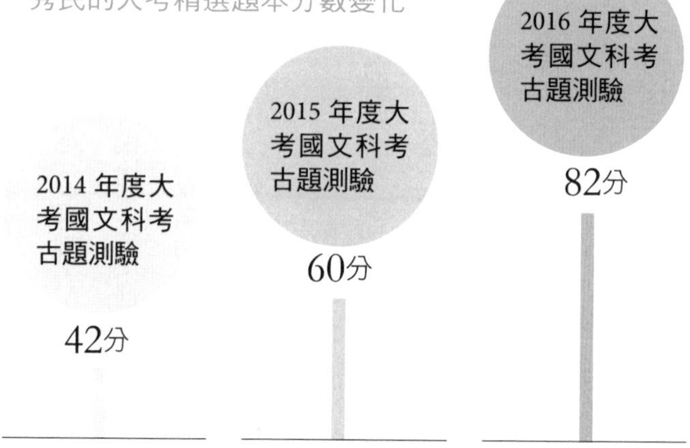

時，會有什麼效果？」然而事實並非如此。即使只有這種程度的投資，也能獲得令人驚訝的效果。來看看課程開始十個月後，秀民的大考精選題本分數進步了多少。

秀民在十個月內總共讀了二十多本書。閱讀三個月後，在測驗中得到六十二分（進步十八分），十個月後得到八十二分（進步二十二分）。和十個月前相比，足足進步了四十分。坦白說，我自己也嚇了一跳。一般而言，腳踏實地精讀並掌握整個故事的情節，通常六個月平均可以進步五到十分。但是秀民成績進步的幅度相當大，是一般情況的兩倍，可以說是閱讀效果特別突出的孩子。

腳踏實地精讀書本，便能於六個月內在大考國文科進步五到十分，而秀民在閱讀後更是進步了二十分。帶來這種閱讀效果的，其實並不是高度知識性的書或困難的書。秀民所讀的書籍清單中，沒有任何一本是知識類圖書。《魔法麵包店》、《少年苑得》、《說不完的故事》（*The NeverEnding Story*）、《變身狗》、《旁觀者》、《洞》（*Holes*）……，全是任何人都能讀得津津有味的青少年小說。

這些書不必速讀，只要一字一句享受地讀，掌握故事情節即可。經過一年後，語言能力的提升將令人大吃一驚。在這些長期閱讀的國三生中，有不少人拿到沒有特別挑出十五題的大考國文科考卷後，還能考出八十到八十五分，達到十三、十四級分的程度。換言之，國三生已經具備相當於高三生的高級語言能力了。如果將他們沒有學過高中科目的不利條件算進去，可以說他們事實上已經具備接近滿分的語言能力了。

語言能力提高，在校成績自然也會跟著進步。秀民進入第二學期後，原本徘徊在六十到七十分之間的國文、社會、理化分數，全都進步到九十分以上。成績進步這麼多，孩子一方面感到高興，一方面又有些不知所措。因為他們並沒有比以前更努力學習，成績卻進步了。他們不敢輕易相信自己只是讀小說，竟為成績帶來如此大的改變，因為自己不過是讀著好玩而已。像這樣看似什麼也沒做，竟也能輕鬆提高學業能力，任誰看來都覺得神奇。

這個結果道出了一個重要的事實：**只要腳踏實地閱讀，提升語言能力其實比想像的容易**。從國三的程度，進步到高三的程度，只需要十個月的時間。這還只是每週花兩到三個小時，兩週讀完一本書的投資而已。光是這樣的程度，就能避免成績在第二次劇變期一落千丈。只要當事人下定決心，隨時都能拉高成績。一週兩到三個小時，兩週讀完一本書，很值得投資不是嗎？

故事書和大考分數的相關性

我們總認為英文、數學會左右在校成績。就整體學生的表現來看，確實是如此，但是把對象限縮到成績中上的學生來看，情況就不同了。這些學生大部分英文、數學的成績都相當高，基本九十分起跳。所以真正決定成績頂尖還是成績中上的科目，並非英文或數學，而是「國文」。

國文是非常特別的科目，即使努力學習，成績也不見得會立刻進步；即使不認真學習，成績也不會立刻退步。有些孩子天天為國文科煩惱，卻也有些孩子輕而易舉拿下國文滿分。

國文並非以傳授知識為主的科目，相較於其他只要求熟記課本知識的科目，國文要求的是閱讀理解文章的能力。就其他背誦知識的科目來說，由於可以出題的內容有限，所以只要努力學習，就能考到滿分。但是國文科的一道題，卻可以是五花八門、包羅萬象的問題。因為國文科要考的不是知識，而是解讀能力。如果基本的語言能力低落，即使再怎麼努力學習，在國文這一科也不可能考到滿分。

國文考試題目最大的特徵，在於經常出現「最」這個修飾詞，例如「距離最遠的是？」、「最正確的是？」數學或英文、社會、自然等科目只問客觀的事實，所以這樣的形容不常出現。「最接近一加一的答案的是？」、「下列選項中，對地震帶說明最正確的是？」這種題目不可能存在。但是在國文科，幾乎沒有針對絕對客觀事實的問題。國文題目大多有兩到三個可能答案。例如有個題目是「最符合主角A下一個動作的選項是？」，在題目的五個選項中，至少有兩到三個是「符合的動作」。關鍵在於從這些符合的動作中，找出「哪一個最符合」。要正確回答這種題目，必須具備高度的同理能力和推理能力，而故事書正是提升這兩種能力最好的辦法。以下藉由詹姆斯・普雷勒的青少年小說《旁觀者》開頭的一段話，簡單說明此道理。

艾瑞克・海斯第一次看見大衛・哈倫貝克的時候，他正奔跑著。雖說是奔跑，也並非真的跑，倒不如說是一雙短腿歪歪斜斜地上下搖晃著。他就那樣搖晃著跑來，害怕地向後張望的瞬間，忽然絆到了腳，差點往前倒下。哈倫貝克喘了喘氣，又歪歪斜斜地跑了起來。他不是要跑去某個地方，而是要脫離某個地方。正確來說，他正在逃跑。

——摘自詹姆斯・普雷勒《旁觀者》

如上文所見，《旁觀者》的開頭是「情境」，也就是大衛．哈倫貝克正在逃跑，而艾瑞克．海斯目睹這一幕的情境。但是在孩子們的腦中，瞬間出現的是更豐富的想像和情緒。讀到句子開頭「艾瑞克．海斯」的那一刻，孩子的視角變成了艾瑞克．海斯，和他看見同樣的情況。只要不是內容太過天馬行空的作品，孩子也許到故事結束為止，都會繼續用艾瑞克的視角跟著故事的發展。因為隨著故事的展開而出現的人物，大多是故事的主角或者至少是事件的主要觀察者。

孩子透過艾瑞克的視角最先看見的對象，正是哈倫貝克。當時哈倫貝克正在奔跑，孩子可以感受到他的情緒，內心對他的恐懼和慌張產生共鳴。「他一定被嚇壞了！」、「他正急著逃跑！」越能同理哈倫貝克的恐懼，孩子閱讀時的緊張感越強烈，當然也更覺得故事有趣。各位父母可以注意到這段短文中，描述情緒的單詞只有一個「害怕地」。孩子們不是從直接的文字表達來理解，而是透過情境感受出場人物的情緒。這可以說是「情緒化推理」（emotional reasoning）的一種。像這樣透過情境展現人物情緒，是一篇故事的基本要素之一。

接下來，孩子的心中將出現各式各樣的想法。「肯定有誰在追哈倫貝克，但是那個人是誰？」正疑惑間，又閃過這樣的想法：「看他那樣急著逃跑，追他的人馬上就會出現吧？」

甚至隱隱感到不安，「如果對方那麼恐怖，艾瑞克會不會也受到傷害？接下來好像要出事了。」當然，在還是初級讀者的孩子腦中，還無法用具體的語言明確表達這些想法。順著小說的文字讀下去，孩子不知不覺間也會充滿「豐富的想像和情緒」，貼近故事人物的情緒。而父母必須在此時丟出疑問，孩子才能用具體的話語表達出自己感受到的豐富想像和情緒。

（　）：請從以下選項中，選出故事接下來最可能發生的事情。

❶艾瑞克．海斯繼續打籃球。

❷艾瑞克．海斯回家。

❸大衛．哈倫貝克向艾瑞克．海斯要水喝。

❹大衛．哈倫貝克離開後，一群孩子出現，問艾瑞克．海斯有沒有看見大衛．哈倫貝克。

❷❸❹都是可能發生的事。看見哈倫貝克而心生不安的艾瑞克，可能立刻回家；氣喘吁吁的哈倫貝克，也可能向艾瑞克要水喝。但在這些選項裡，接下來最可能發生的是❹。

哈倫貝克正惶恐地逃跑，不太可能有時間要水喝。而他慌忙逃跑的行為，暗示了令他恐懼的對象正在後面追趕他的可能。哈倫貝克跑走後，追趕者接著就會出現，我們可以由此推論艾瑞克沒有充裕的時間趕忙回家。而且從上下文來看，也沒有暗示艾瑞克是膽小鬼，可能轉身逃跑的線索。

閱讀故事書的同時，心中產生的豐富想像與情緒，有助於提高孩子的推理能力和同理能力。而這些能力不僅影響國文考試，在大學入學考試也發揮重要力量。其力量之大，甚至只要在十個月內精讀二十本書，就能在大考國文科精選題本平均進步十到二十分。大考考生在國文科最常寫錯的題目類型，並非困難的科學說明文或哲學論說文，而是題目簡單，選項卻較為困難的現代小說。

每個孩子在閱讀時興起的想像和情緒都不同，有些孩子非常豐富、精彩，有些孩子則薄弱、貧乏。讀到《旁觀者》開頭的那段文字，有的孩子感到緊張、不安、疑惑，有的孩子只單純接收到「他正在逃跑」的訊息。比起初級讀者、速讀的孩子、勉強閱讀的孩子，熟練讀者、精讀的孩子、讀得津津有味的孩子更能產生豐富、精采的想像和情緒。而**想像和情緒的豐富度，決定了閱讀效果的差異**。國三生秀民的語言能力測驗分數可以大幅提高，也是因為他想像和情緒的豐富度比其他初級讀者更高、更精彩。換言之，即使閱讀相同份量的內容，他能想像與感受到的東西更為豐富。

舉例來說，像秀民這樣的孩子可以從上段文字得出這樣的結論：「這個故事之後要說的，是艾瑞克和哈倫貝克、追哈倫貝克的人之間的事件。」因為開頭第一句的「艾瑞克・海斯第一次看見大衛・哈倫貝克的時候」，暗示了之後艾瑞克會再一次遇見哈倫貝克。如果艾瑞克再次遇見哈倫貝克，同時遇見追趕哈倫貝克的人的可能性當然也很大。一個熟練讀者可以

文學書籍閱讀量與大考成績的相關性

分類	大考英文標準分數		大考數理標準分數		大考外語標準分數	
	學生數	平均	學生數	平均	學生數	平均
0本	240人	83.08分	214人	90.21分	242人	86.10分
1至5本	998人	90.25分	893人	92.88分	1000人	90.11分
6至10本	381人	95.34分	338人	92.95分	381人	93.09分
11本以上	566人	102.53分	508人	98.84分	568人	98.83分
總計	2185人	93.55分	1953人	93.92分	2191人	92.45分

2015年11月26日韓國職業能力開發院，「小組簡報：書本閱讀、新聞閱讀與學業成就度及就業」。此為每年從全國高三生中抽樣四千人做的追蹤調查。

繼續衍伸出更多想法，例如書名是《旁觀者》，而開頭艾瑞克正從遠處觀察跑得氣喘吁吁的哈倫貝克，就像旁觀者一樣。透過這些線索，他們能看出書名所說的「旁觀者」，很可能就是艾瑞克。

這些孩子還可能有更深入的想法，他們甚至會思考作者隱藏在故事背後的意圖。他們會問：「作者怎麼會讓主角艾瑞克當一個旁觀者呢？」也可能這麼想：「作者其實是想讓讀者站在旁觀者的立場，因為讀者只能站在艾瑞克的立場來看待這個事件。作者是不是想說，閱讀這本書的讀者自己也可能成為旁觀者？」熟練讀者的想像和情緒非常豐富、精彩，是初級讀者遠遠比不上的。

當然，我們一開始並不要求初級讀者達到這種程度的閱讀。一開始覺得有趣就好，只要讀得津津有味，並且腳踏實地精讀，就能訓練基本的情緒化推理、情境式推理與邏輯性推理。光是這樣，孩子的語言能力就能取得飛躍性的發展，而這些經驗的累積，也將帶動閱讀水準的提高，使同理能力和推理能力持續成長。喜愛故事書、讀故事書讀得津津有味的孩子，國文成績相對較好，也是因為這個原因。

故事書能提高數學成績？

故事書可以提高國文成績，看起來是理所當然的。從國文課本往往收錄童話和小說來看，也可以看出故事書和國文科的直接相關性。但是要說閱讀故事書能提高其他科目的成績，例如自然或社會、歷史，甚至是數學科，就不太容易理解了。我們可能會想：「故事書？要怎麼提高？」

自然、社會、歷史等科目的考試準備方式，由「閱讀課本→整理筆記→背誦」的階段組成。也就是理解內容（閱讀課本）後，按照自己的方式概念化（整理筆記），再完全放進腦袋裡（背誦）。若能順利執行這個過程，那麼即使面對再困難的題目，也能取得滿分。

孩子在讀課本時，會用鉛筆在重要的概念或單詞下畫線或標示星星，也會標示出困難或不了解正確意思的單詞。這樣讀過一遍後，孩子的腦中應該要能建立完成自己的知識系統，就像蓋一棟房子一樣。例如讀到國中社會課本中，份量有四頁的小單元「能源的種類與面臨的問題」，應該要能在腦中清晰地整理出這樣的知識系統——「能源是指能夠獲得能量的資源→能源有石油、煤炭、天然氣、核能、新生能源、再生能源等，其特性分別為……等→其中石油、煤炭、天然氣終將面臨枯竭的危機，也有破壞環境的問題→要解決這些問題，除了要減少能源的使用量，也必須強化能源技術，開發新生能源與「再生能源」。擅長閱讀故事書的孩子，自然懂得如何整理。他們在閱讀課本時，各種知識已不知不覺間在腦中分類、整理完成。怎麼辦到的？因為他們在閱讀故事書時，也啟動了相同的機制。

孩子在閱讀故事書時，全神貫注於自己正閱讀的段落的情境。沒有讀完的故事書，通常不太會重新回想或另外整理在腦中，只要讀著有趣就好。但是從頭到尾讀完故事書後，主要場景和情節、人物的關係等訊息，將會在腦中建立起來，就像建造一棟房子一樣。這和看連續劇或電影等影像媒體後，記住故事情節和人物關係，是在本質上完全不同的行為。因為閱讀以文字做為載體的故事書時，在內容的輸入路徑上和影像載體完全不同。事實上，許多初級讀者記不住自己讀過的書，包括情節和人物關係等訊息。閱讀符合自己年齡的故事書，卻無法在腦中建立完整架構的孩子，在閱讀教科書時，也無法一次在腦中造出一棟完整的房子。

大量閱讀故事書，猶如反覆訓練如何在腦中建造房子。因此，喜愛閱讀故事書的孩子，當然在自然或社會、歷史等科目也會有好的表現。

一九八〇年代在日本興起的「晨讀十分鐘」，是在韓國也廣為人知的著名閱讀運動。這項運動最早起源於日本某所國小，其原理相當簡單：每天早上固定讓學生閱讀十分鐘。其實這項運動的初衷並不是為了改善學生的學業成就，改善生活態度才是主要目的。當時日本的公立教育，正為霸凌等校園暴力、學生叛逆行為、不遵守規定的生活態度等問題忙得焦頭爛額。國小教師們為了改善這種情況，嘗試推動「晨讀運動」。期待透過一天十分鐘的閱讀，讓學生親近書本，陶冶學生品行，並養成沉穩的態度，藉此澈底改善學生的生活態度。實際上這項運動也取得極大的效果，大幅改善日本公立教育曾經面臨的各種問題。不僅樹立了學校的規矩，學生的生活態度也明顯好轉。不過並非只有態度改善，學生的成績也有大幅提高。所有科目的平均成績皆有進步，其中進步最多的科目正是國文和數學。令人驚訝的是，閱讀對數學成績的影響，要大於社會或歷史許多。之後晨讀運動擴大至全日本，在其他學校也出現類似的現象，學生的國文和數學成績取得飛躍性的成長。

閱讀為什麼能提高看似毫不相關的數學成績呢？我在前面說過，閱讀故事書就像「在腦中建造（知識系統的）房子」，換句話說就是「概念化」，而在數學科中最重要的正是概念化的能力。

每一道數學公式都有一套嚴謹的邏輯。為了理解這套邏輯，必須具備概念化的能力。熟練讀者能快速、正確理解數學公式的概念，所以也擅長數學。例如「A×B」是指「A有B倍之多」。理解這個概念後，只要寫完幾道題，就能完全掌握乘法，應用題也能輕易答題。但是概念化能力低落的孩子，必須大量練習乘法問題，才能完全理解乘法的概念。數學是講求熟練度的學問，即使是概念化能力強的孩子，也需要大量的練習。但是在精準理解概念的狀態下熟練數學，和透過大量練習而理解概念，是層次不同的問題。概念化能力低落，又只偏重解題訓練的人，未來遇到敘述性應用題或像大考數學科那樣迂迴出題的題目，便難以發揮實力。因為在帶入數學公式前，必須先掌握問題的概念才行，而他們無法順利做到這點。以下利用簡單的分數問題，說明答題的過程。

問題：有支蠟燭一小時會燒掉五分之一。點燃蠟燭，一段時間後只剩下十分之一。請問點燃蠟燭後時間過了多久？

←

這道題問的是「蠟燭燒了多久時間」。在解題前，需要先從題目中提取出兩個條件。

條件一：蠟燭每小時燃燒五分之一

條件二：蠟燭剩下十分之一

← 但是「條件二」有個問題，因為題目說的不是燒掉多少，而是剩下多少。必須先把條件二改成符合條件一的概念，剩下一成等於燒掉十分之九。

條件一：蠟燭每小時燃燒五分之一

條件二：蠟燭燒掉十分之九

← 條件一和條件二的分母不同，無法解題，所以得先將兩個分母統一。

條件一：蠟燭每小時燃燒十分之二

條件二：蠟燭燒掉十分之九

← 四個小時燒掉十分之八，加上又多燒十分之一，所以這支蠟燭的燃燒時間為四小時三十分鐘。

為了解開這道題，必須先掌握問題的概念，找出解題需要的條件後，再將條件的概念統一。以解題為主學習數學的孩子，大多在這個過程中遭遇困難。他們對題目的說明摸不著頭緒，又因為條件和自己平常寫過的題目不同，一時間難以下筆，只能大喊「這題我怎麼會？」反之，大量閱讀的孩子能輕鬆完成這個過程。即使沒有大量練習過解題，也能根據前後文內容答題。

我們說「年級越大，數學越難」，意思是必須學習的公式概念越來越難。熟練讀者善於掌握概念，無論是數學公式的概念，還是題目的概念，都是一樣的。這正是晨讀運動能提高孩子數學成績的原因與原理。

閱讀故事書對於學習態度的影響也相當大。大量閱讀故事書的孩子，相比沒有大量閱讀的孩子，對學習的抗拒感或恐懼感更小。因為故事書是書，教科書也是書。例如喜歡讀長篇童話《夢實姐姐》的孩子，對於小六社會課本的文字量和厚度不會有太大的壓力。因為比起小六的社會課本，《夢實姐姐》要厚上許多。或許其中有些孩子因為討厭社會科而覺得課本無趣，不過他們在閱讀理解課本時，並不覺得困難或有太大壓力。反之，沒有讀過《夢實姐姐》的孩子，在面對符合自己年紀的課本時感到困難且有壓力，是因為他們沒有讀過這麼厚的書。年級越大，壓力的差異將越明顯。

熟練讀者讀完一本書後，能記住書中大量訊息。例如夢實為什麼忽然住進金主事家，為什麼瘸了腿，為什麼再度回到老古村，這些都能一一記住。像《夢實姐姐》一樣厚的書，也只要讀過一次就能全部記住，更何況是比較薄的社會課本，當然沒有困難。

擁有豐富閱讀經驗的孩子和沒有閱讀經驗的孩子，兩者的差異相當大，就像每天在社區公園跑十公里的孩子，和沒有跑過十公里的孩子一起參加小型馬拉松一樣。每天在公園跑步的孩子，將十公里左右的距離看得稀鬆平常，因為這不過是每天慢跑的距離。唯一和平常不一樣的地方，只有地點是公園（故事書）或跑道（課本）的差別。像平常那樣跑就可以。但是一次也沒跑過的孩子，把十公里當做嚴峻的挑戰。實際上也會是相當艱難的距離。喜歡讀故事書的孩子和情況相反的孩子，對於學習的決心和能力等各方面自然有極大的差異。

無論是「兩週閱讀一本書」或「十分鐘晨讀運動」，對各方面的學習都有深刻影響，所以才能提高大考國文科分數和在校成績。這裡要再補充一點，**大量閱讀故事書的孩子，也擅長處理人情世故**。伊恩·萊斯里（Ian Leslie）在《重拾好奇心：讓你不會被機器取代的關鍵》（*Curious: The Desire to Know and Why Your Future Depends On It*）中，詳細介紹過相關研究。根據二〇一一年加拿大約克大學心理學教授雷蒙・瑪爾（Raymond Mar）的研究，閱讀小說時使用的大腦區域，與處理人際關係時使用的大腦區域高度一致。也有研究結果顯示，受測者閱讀小說後，在社會智能測驗中得到更高的分數。即使不特別提出研究結果說明，故事書能幫助讀者理解人情世故，也是無庸置疑的事實。

閱讀故事書猶如體驗其他人的人生。讀者可以將情緒帶入和自己處在不同時空、不同情況下的人身上，一同經歷書中主角所經歷的事件，這個行為本身就是理解他人的行為。這種能跳脫學習，進一步設身處地理解他人的能力，對日後的人生影響深遠，其重要性相信已無需贅言。因為我們想要經營成功的校園生活和社會生活，其根本在於人際關係。對了，家庭生活也是如此。

國文成績不好的小書蟲

「老師，喜歡看書的話，國文應該很好才對吧。可是我家珍英國文成績一直退步，數學題目怎麼看也看不懂。我真的要煩死了。問題到底出在哪裡？」

國小五年級的珍英是個小書蟲。書讀得非常多，一天基本讀完三到四本。但是奇怪的是，她就是沒有一顆學習金頭腦。讀完書卻無法完全理解內容，應用題也經常解不出來。就我開論述補習班的經驗，偶爾會遇到這種學習不好的書蟲。

在我和珍英母親面談期間，珍英自己看著書。她從補習班書架上挑出的書，是一本名為《無論如何！——小董上國中》的青少年小說。

「珍英呀，這本書你讀一次看看。」

我拿給珍英一本國小三年級程度的《你討厭臘腸狗老師嗎？》。珍英搖了搖頭，似乎沒有興趣。我說老師有些問題想問你，讓珍英只讀前面一部分，結果珍英不到二十分鐘就讀完了這本書。我讓珍英坐下來，問了書中的內容，正確率大約七成左右。接著，我和珍英進行簡短的面談。珍英就像其他擅長速讀的孩子一樣，懂得大致掌握和推敲書本內容的訣竅。但是故事人物身處的具體情況或人物的情緒，幾乎讀不出來，換言之，他們的閱讀不過是蜻蜓點水，淺嘗輒止。

我告訴珍英母親：「這是很嚴重的速讀。照這樣下去，她再怎麼閱讀也不會有效果。」

正如同所有的學習，許多時候閱讀也要視情況而定。有些孩子大量閱讀後出現明顯效果，也有些孩子並非如此。像珍英一樣愛看書卻學習不好的孩子，就常被當做反面案例來談。

每天閱讀，語言能力卻依然低落，這就像每天舉啞鈴一百下，卻沒有長出肌肉一樣奇怪。現實生活中發生這種事的可能性只有一個，那就是宣稱自己要做啞鈴運動，把啞鈴拿進房內，卻沒有真的運動。換言之，雖然珍英拿著書本說自己喜歡看書，卻沒有真正閱讀，自然看不見效果。

語言能力低落的小書蟲，通常有幾個共通點。首先是閱讀速度非常快，一個小時內就能讀完一百五十頁左右的高年級童話書，甚至也有三十分鐘內讀完的孩子。我把這種現象稱為「瀏覽書本」。就像只花十分鐘跳著看片長兩個小時的電影，卻硬說自己看完了電影的人，這些孩子再怎麼閱讀，也不會有豐富的想像和情緒，更別說最基本的動腦了。他們在「瀏覽書本」時所做的事情，不過是用眼睛掃描，同時大致掌握內容而已。瀏覽書本永遠不會是閱讀書籍，就像鍍金的鐵塊永遠不會是黃金。

第二個共通點是喜歡大於自己適讀年齡的書，國小五年級的珍英選擇青少年小說《無論如何！——小董上國中》，就是如此。這些孩子雖然說自己喜歡書本，但是不知道閱讀的樂趣，實際上也沒有把書讀進腦子裡，只是無限重複毫無意義的瀏覽書本。這算是一種蒐集興趣，蒐集「自己讀過的書」。因為目的在於「閱讀紀錄」，所以他們只能盡快瀏覽書本。因為還得向人宣揚自己讀過的書，所以懂得善用訣竅，學著大致掌握內容。

他們之所以偏好比自己適讀年齡大許多的書籍，原因也在於此。因為那些書是讓「閱讀紀錄」更好看的「稀有配件」。孩子透過閱讀紀錄可以得到旁人的稱讚。「看來你很喜歡書呢！」、「天啊，都已經讀過了嗎?真厲害。」、「這些青少年小說都能讀懂嗎？」只要擁有亮眼的閱讀紀錄，就能被當做了不起的孩子。渴望得到稱讚的心理，讓孩子變成「假書蟲」。真令人惋惜。

沒有人練完啞鈴不長肌肉，也沒有按部就班閱讀，語言能力卻沒有提升的孩子。這是猶如物理定律般的明確事實。

健身訓練有正確的姿勢和方法，閱讀也有正確的態度和方法。**閱讀最大的原則，是「思考越多的閱讀越好」**。速讀之所以不是好的閱讀方法，在於孩子無暇思考。養成速讀習慣的孩子，其實再怎麼大量閱讀，語言能力測驗分數也無法提高。就像蚍蜉撼樹一樣，沒有一絲一毫的效果。

最基本的閱讀是精讀。這裡所說的精讀，是指以「唸出聲的速度」閱讀。只要維持這種速度，自然能透過閱讀奠定基本的動腦量。因為這種速度足以充分掌握書中人物的關係和人物所處的情況、主要事件和情節。以我所遇過的國中生案例，只要六個月內每兩週閱讀一本書，大考國文科成績就能進步五到十分。

再來是閱讀有趣的書籍。閱讀時產生的想像和情緒越豐富、精彩，閱讀效果越好。要達到這種效果，必須先有強烈的閱讀慾望。沒有人閱讀無趣的書，還能興致高昂。即使慢吞吞地讀，只要從頭讀到尾，也算很了不起了。有趣本身，就是積極從事閱讀的信號。

「老師，我這次才讀到一半，就快要氣炸了！」

秀民經常豪邁地豎起拇指比手劃腳，和我討論最近讀的書，這和他沉穩安靜的性格形成對比，可見他感受到閱讀的樂趣。這正是秀民可以在十個月內，將大考國文科分數提高四十分的祕訣。

閱讀目標只有兩個：用唸出聲的速度閱讀；挑選有趣的書籍快樂閱讀。只要做好這兩點，其他自然水到渠成。不必喋喋不休要求孩子閱讀，孩子也會主動攤開書本；而閱讀量越大，學習能力也越好。

如何挑選有趣的書？

——讓討厭書本的孩子也愛上閱讀

原則上，書本的挑選由孩子自己決定。因為在思考自己該讀什麼書的過程中，孩子可以開發自己的興趣，也可以培養挑選書本的眼光。這兩種都是成為閱讀人的重要能力。如果孩子很喜歡閱讀，又是年齡不到十歲的幼童，請不必苦惱，直接讓孩子選書就行。

比較麻煩的反而是討厭書本的國小高年級生和青少年。因為他們原本就對書本有所抗拒，即使好不容易攤開書讀，如果第一頁不有趣，可能從此更加討厭閱讀。以下說明如何挑選有趣的書本，讓討厭讀書的孩子也能著迷書本。

◆ **「金頭腦閱讀法」部落格推薦圖書（cafe.naver.com/gongdock）**

雖然坊間有許多推薦書籍的機構，不過大多是推薦「好書」，而非推薦「孩子喜歡的書」。所以忽然拿這些書讓孩子讀，結果不是覺得無趣，就是覺得太難。「金頭腦閱讀法」部落格上的各學年推薦圖書，都是我實際授課用過的教材中，最受孩子們歡迎的書。因為是讀過的孩子親自推薦的書，失敗率非常低。

◆尋找喜歡的作家

如果找到孩子覺得有趣的書，不妨也讓孩子讀同一個作家的其他書。孩子喜歡可能是因為故事本身有趣，不過這也代表作家鋪陳故事的方式和句子的節奏，讓孩子感到舒服自在。孩子喜歡同一作家其他著作的可能性相當高。

◆國外兒童、青少年文學獎得獎作品

國外著名兒童、青少年文學獎得獎作品皆有一定的水準，例如紐伯瑞獎（Newbery Medal）、美國國家圖書獎（National Book Award）、德國青少年文學獎（The German Juvenile Literature Award）等，具有相當崇高的地位，是可以放心選擇的依據。只是必須考慮到孩子仍是初級讀者，最好檢查過頁數，再讓孩子從較薄的書開始讀。

※以下類型的書籍請注意！

◆**知識類漫畫**

讓處於初級讀者階段的孩子讀知識類漫畫，可能會讓他們日後對需要花費較多時間的一般文字書感到吃力。也因為這類書籍不是以文字為主，所以即使再大量閱讀，也得不到語言能力提高的效果。

◆**故事導向型的知識類圖書**

故事導向型的知識類圖書兼具「故事書」和「知識類圖書」的特性，大多將知識揉合進毫不相關的故事情節內。例如主角原本要出發尋找寶物，最後卻學習到火山的知識。這種形式和內容並不相符的書，容易讓孩子覺得故事無趣，也學不到真正有系統的知識。除了知識本身就具備故事型態的歷史外，「故事導向型知識類圖書」或「知識類漫畫」都達不到有效的閱讀效果，知識學習效果也並不明顯。

第三課

短時間提高成績的抄寫閱讀法

適用年齡：國中

「抄寫」是能短時間內提高語言能力的強效閱讀法，必須一邊搭配〈第二課〉，並且一邊抄寫小說的開頭第一段。這種方式可以在短時間內看見驚人的效果，在國中二年級的學生中，也有人用這種方法在六個月內將國文科精選題本分數提高三十分。只要確實堅持三個月，不只是國文，就連社會、自然等科目的成績也可以顯著提升。

雙週讀書計劃

前十天	**挑選書本**	每兩週和孩子上一次圖書館或書店，挑選一本要讀的書。
	閱讀書籍	為保留抄寫時間，須在前十天讀完整本書。
後四天	**抄寫書本開頭**	最少抄寫書本開頭前五段，最多不超過第一章。
	對話	以開頭為主，和孩子針對內容對話。

十天內讀完一本青少年小說

兩週閱讀一本書，時間安排如第二課的基礎閱讀法。只是為了保留抄寫時間，閱讀最好在十天內結束。

讀完後，用四天抄寫小說第一章

只需抄寫故事的開頭，也就是第一章的全部。但由於花費較多時間，也較費力，孩子可能容易感覺困難。抄寫份量最少為開頭前五個段落以上。**抄寫時，不可像寫作業那樣迅速解決。必須熟悉句子的意思後，一句一句工整地寫下來。全部寫完後，務必再一次閱讀抄寫的部分。**

第四章 連故事書也不想看，該拿孩子怎麼辦？

真的是因為語彙能力差才讀不懂嗎？

閱讀符合自身年齡的故事書是最初階的閱讀。只要一週花費兩到三小時進行初階閱讀，就能立刻提升語言能力。閱讀品質提高，語言能力自然飛快成長；即使閱讀品質沒有大幅成長，只要維持一定的基礎，也能輕易達到自身年齡層應有的語言能力。然而問題在於，許多孩子連初階閱讀都束手無策。儘管他們按部就班地閱讀，不使用速讀，效果仍差強人意。

閱讀障礙，是指腦部有所缺陷造成無法閱讀文字的障礙。在閱讀障礙患者眼中看來，文字就像毫無意義的符號。無論語言能力提高與否，都必須先有「閱讀」的行為，可是閱讀障礙患者沒有能力閱讀，等於已經輸在起跑點上。

然而有些孩子腦部沒有缺陷，卻依然處於閱讀能力低落的狀態。這些孩子即使把整本書讀完，能理解的內容也不到百分之二十。雖然目前還沒有確切的調查數據，不過閱讀教育專家們一致認為，在現今學生當中，至少有兩到三成處於閱讀能力嚴重低落的狀態。

閱讀能力低落的孩子即使能「讀」書，也不是真正的「閱讀」，自然得不到預期的閱讀效果。國小低年級和高年級、青少年階段的閱讀能力低落情形各不相同，本章首先探討國小低年級的閱讀能力低落情形，並試圖提出改善方法。

「我家孩子語彙能力好像太弱了，都不知道單字的意思。」

明彬的媽媽認為，國小三年級的明彬無法閱讀的原因，在於語彙能力較差。不知道單字的意思，當然就讀不懂。對於家中閱讀能力不佳的國小低年級子女，許多父母經常會這麼說，不過多數時候其實是誤判。適合國小低年級閱讀的書籍，多使用日常生活中的單字，幾乎不存在「因為不懂單字的意思」而讀不懂的情況。表面上看似如此，其實另有真正的原因。

為了準確判斷明彬的狀況，我讓明彬讀國小二年級程度的《米妮當偵探》。這本書即使用唸出聲的速度來讀，也花不到三十分鐘，但是明彬讀超過一個小時。讀完整本書後，我讓明彬重新讀一遍開頭部分。

赫爾米內・奇普菲七歲了。媽媽、爸爸和奶奶都叫她米妮，只有哥哥叫她「麥稈」或者「長竹竿」，因為米妮特別高、特別瘦。雖然莫里茨比米妮大兩歲，米妮卻和他一樣高。莫里茨認為，妹妹的個子當然要比哥哥矮。

——摘自克麗絲汀・諾斯特林格《米妮當偵探》

重新閱讀開頭短短幾句，明彬竟花了不少時間。我問明彬。

「哥哥為什麼叫赫爾米內『麥稈』或『長竹竿』呢？」

明彬支支吾吾答不出來，我讓他再讀一遍。明彬重新讀過後，好不容易才回答我。

「因為像麥稈。」

「像麥稈是什麼意思呢？」

明彬想了一會兒後，這麼回答。

「頭像麥稈一樣大的意思？」

像這樣回答牛頭不對馬嘴的孩子，可不只有明彬一人。每十個小三生當中，就有兩到三人這樣回答。就算下一句明明白白寫著「因為米妮特別高、特別瘦」，這些孩子也回答不出來，因為他們無法將上一句話和下一句話的訊息串聯起來。那麼扣掉閱讀能力特別差的兩三個人，其他人的情況就比較好嗎？

「哥哥喜歡身高高的赫爾米內，還是不喜歡？」

對於這個問題，能立刻答出「不喜歡」的孩子約占六到七成。其他孩子不是找不出線索，就是文不對題，甚至說出和讀過的書本毫不相干的個人想法，就像明彬一樣。

「應該是喜歡的吧。因為是妹妹呀。身高高也不錯啊。」

之所以這樣回答，是因為沒能從原文「雖然莫里茨比米妮大兩歲，米妮卻和他一樣高。莫里茨認為，妹妹的個子當然要比哥哥矮」中，讀出莫里茨的想法。更別說下一段內容，還有哥哥莫里茨聽到別人問「你們兩個誰比較小？」後大發脾氣的場景呢。明彬沒辦法將故事書中的訊息，轉換為自身的情緒。既無法將文中的訊息串聯起來，也無法讀出文中人物的情緒，代表明彬缺乏閱讀書本的能力。有趣的是，如果用口頭說明相同的內容，明彬卻可以理解。聽故事的時候，腦袋轉得很快；閱讀的時候，腦袋卻動不了。

我問明彬麥稈和長竹竿相似的地方，明彬搖了搖頭。

「什麼是長竹竿啊？」

「你覺得是什麼?」

「不知道。」

「知道棍子嗎?」

「當然知道,木棍。」

難道明彬是因為只知道木棍,不知道長竹竿,才會讀不懂書的內容嗎?不是的。即使是擅長閱讀的孩子,也不可能知道書中所有單字,就算是大考國文科得到滿分的孩子也是一樣的。即便如此,他們依然能正確判讀題目。文章中的單字不是一個個獨立存在的「字」。單字存在於句子中,句子又與前後文有著密切的關係。透過這樣的關係,可以推敲出單字的意思。例如閱讀上面的例文時,即使不懂「長竹竿」這個單字,也可以從文意上來判斷應該是像麥稈一樣「又長又細的東西」,同時腦海中浮現形狀相似的木棍,進而推測兩個單字應該是相似的意思。明彬不具有這個基本的推理能力,才會說自己不知道長竹竿的意思,因而被誤認為是「語彙能力差」。這類孩子並不少,所以市面上國小單字相關書籍賣得特別好,然而真正得到效果的孩子卻屈指可數。**因為問題不在於理解單字的意思,而是從文意推敲單字意思的能力。**

這些孩子並非智能不足，或是有嚴重的注意力缺乏障礙。他們和同齡孩子沒有兩樣，可以在看完動物紀錄片後，立刻說出紀錄片的內容；學過鋼琴後，可以流利彈奏樂曲；也擅長組裝科學玩具。所以家長們才會說：「我家孩子各項表現都好，就只有閱讀不行。」這些孩子的問題相當明確，就是缺乏閱讀文字的訓練，導致閱讀文字的瞬間，頭腦忽然當機。

讀不懂故事書，也無法理解課本

孩子們之所以陷入閱讀能力低落的狀態，原因在於閱讀訓練不足。閱讀理解大致由四個階段構成，也就是將文字轉變為聲音的「聲音解析階段」；將聲音轉變為意義的「意義解析階段」；連結意義以掌握句子意思的「意義連結階段」；連結句子和句子的意思，掌握通篇文章的「二次意義連結階段」[7]。

孩子們學習文字時，在聲音解析階段使用上頭腦所有部位。為了讀出書包的注音「ㄕㄨ

7. 認知心理學家蓋聶（Ellen D. Gagné）認為閱讀理解的歷程包含四個階段：「解碼、文字理解、推論理解、理解監控」，作者將該理論的第三階段「推論理解」再劃分為「句意理解」與「文意理解」兩階段。

ㄅㄠ」，必須全神貫注才行。這個階段忙於解析讀音，自然無暇思考書包的字義，或是想像書包的模樣。經過反覆的讀音練習，逐漸熟悉如何解析讀音後，孩子才能讀出「ㄕㄨ ㄅㄠ」這個單字，並且立刻聯想到實際的書包。聲音解析和意義解析自然是一套的。在這個基礎上繼續訓練，就能以符合文法的句式連結單字和單字的字義，讀出「敏希拿著書包呆呆站在原地」這個句子，同時自動掌握句子的意義。如此一來，解析句子的能力將逐漸提升。

解析句子的能力提高後，便有多餘精力連結句子和句子的意義。充分接受過閱讀訓練的孩子，在讀到「敏希拿著書包呆呆站在原地，因為她沒有寫國文作業」的句子時，將能掌握許多線索。除了基本的訊息，像是「敏希正要去學校，但是因為沒有寫國文作業，不敢去學校」，也能進行邏輯及情緒的推理，像是「敏希為什麼沒有寫作業？是因為太忙嗎？」、「敏希最後還是得去學校。」、「一定很痛苦吧？」豐富的想像和情緒不斷湧現。

閱讀能力低落是指「缺乏閱讀訓練，導致無法將這四個階段整合在一起」。在他們的腦中，敏希、書包、呆呆等單字沒有串聯在一起，而是各自獨立存在，或者前後句彼此沒有聯繫。雖然某些部分會隨著年級增加自然改善，但是他們永遠沒辦法跟上同儕的平均程度。

仔細分析這個問題，不難發現在幾次決定性的時期，孩子們會陷入閱讀能力低落的狀態。換言之，孩子們在成長過程中會經歷數次的「閱讀危機」，如果沒能跨越這幾次的危機，閱讀能力將會低落至連故事書也讀不懂的狀態。

孩子們經歷的閱讀危機，和成績隨年級增加而退步的原理相同。教科書的語言程度隨著年齡增加逐漸提高，同樣地，孩子們所閱讀的語言程度也會提高。閱讀危機的發生，當然源自上一個階段沒有充分閱讀。沒有大量閱讀圖畫書的孩子，對國小一、二年級程度的圖文書（以文字為主，圖畫為輔的書籍）感到困難；而沒有大量閱讀簡單易懂的圖文書的孩子，將覺得國小三、四年級程度的書內容複雜。一旦孩子被這些危機絆倒，要重新爬起來可不容易。

沒能及時克服第一次閱讀危機的孩子，不僅讀不懂符合自身年齡的書本，也沒辦法讀懂課本，因此語言能力的成長出現異常遲緩。語言能力低落，導致無從訓練閱讀；無從訓練閱讀，又導致語言能力發展受限，最後陷入沒有出路的惡性循環。當然，這些孩子隨時有機會讀到一些小短文，所以多數人經過一段時間，自然而然克服了第一次閱讀危機。但是，問題在於為時已晚。試想原本在國小一年級必須克服的第一次閱讀危機，有人到了國小四年級才成功跨越。這個連程度低於自身年齡的書籍都讀不懂的孩子，自然讀不了四年級的課本，更遑論符合自身年齡的書籍。這個孩子想要克服第二次閱讀危機，勢必得比第一次閱讀危機花上更長的時間，至於克服第三次閱讀危機，無異於登天。如此一來，便出現語言能力只有國小三年級的國三生，或是語言能力只有國小五年級的高二生的情況。這些人要靠自己學習學校課業，當然是不可能的。要讓這些孩子脫離閱讀能力低落的狀態，唯一方法只有閱讀，然而正如前面所說，他們即使能「讀」書，也不是真正的「閱讀」，這才是最棘手的。

如果父母們認為「我們家孩子才不會那樣」，不當一回事，未來恐怕會面臨更難以應付的問題，所以請一定要特別注意。有多達七成的孩子雖然還不到閱讀能力低落的狀態，卻不具備符合自身年齡程度的閱讀能力。換句話說，現在正閱讀本書的父母中，至少有七成父

閱讀危機

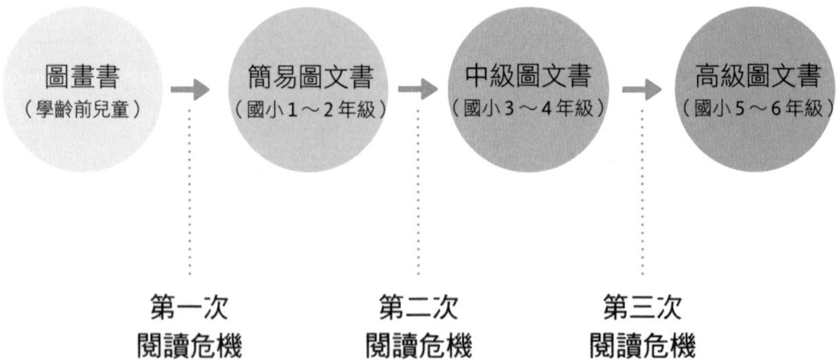

母家中的孩子不具有該年齡程度的閱讀能力。只是多數人不知道這個事實而已。

國小低年級生閱讀能力診斷法

要判斷孩子是否已跨越閱讀危機，有一個相對簡單的方法。首先，我將針對家有國小一到三年級子女的父母，提出一個簡單的測試方法。請先到圖書館借國小一年級程度的初級圖文書，例如的《安妮房中的鬼》（*The Ghost in Annie's Room*）或《我的肚子變白的原因》（ぼくのおなかがしろいわけ）[8]。當然，這些書必須是孩子沒有讀過的書才行。父母先讀完書，再交給孩子。等孩子全部讀完後，詢問孩子書中的情節。

❶ 詳細且正確說出情節 ↓ 一年級優秀程度

❷ 簡單而正確說出情節 ↓ 一年級平均程度

❸ 說不出故事情節 ↓ 低於一年級平均的程度

8. 以上皆無中譯本。

如果像❶一樣詳細且正確說出情節，代表能大量記憶書中內容。這時值得觀察的地方在於「孩子是否能用書中的具體形容來說明」。如果可以，那麼即使孩子是國小三年級，也可以看做擁有優異的閱讀能力；至於國小一、二年級能達到❶的程度就更不用說了。如果孩子屬於❷、❸的情況，父母只要看著書，簡單出十道題即可，最好是以書中重要事件為主。

❹孩子全部答對書本的內容→一年級平均程度

❺孩子答錯的題目超過三個以上→低於一年級平均程度

❻孩子答錯的題目超過五個以上→閱讀能力低落

小一生在進行第二項測驗時，如果結果是❺、❻，代表閱讀理解能力低於平均。如果受測者是小二、小三生，則情況更為嚴重，尤其當小三生測出❻的程度，幾乎可以百分之百確定是閱讀能力低落。這時比起送孩子上補習班，更重要的是和孩子每天一起去圖書館。

出題時，必須挑選和情節有直接相關的核心內容。請參考以下《安妮房中的鬼》的出題範例。讀完書後再大致瀏覽這些問題，相信能立刻了解該如何出題。

《安妮房中的鬼》出題範例

1. 去姨媽家玩的艾瑪，得到一間可以住三天的房間。這間房原本是誰的房間呢？
2. 弟弟對艾瑪說了關於閣樓的恐怖故事。那是什麼故事呢？
3. 閣樓書櫃上放了許多小陶瓷娃娃，這些陶瓷娃娃都是同一種動物，是什麼動物呢？
4. 艾瑪深夜聽見敲打窗戶的聲音，從夢中醒來。敲打窗戶的聲音是什麼呢？
5. 隔天晚上，艾瑪莫名有種涼颼颼的感覺，怎麼也睡不著。艾瑪走下樓，重新回到閣樓的時候，窗邊有個穿著白色衣服的模糊身影逐漸靠近。這個模糊的身影是什麼？
6. 第三天晚上打雷又閃電，艾瑪睡到一半，聽到打雷聲逐漸靠近，忽然一道閃電打下來，瞬間驚醒。艾瑪大叫一聲，發現房中有個人直挺挺地站著。這個人是誰呢？
7. 艾瑪重新躺下來，準備入睡，然而這次卻怎麼也睡不著，總覺得有人在黑暗中盯著自己看。是誰盯著艾瑪看呢？
8. 姨媽每次說到自己的女兒，總是唉聲嘆氣。為什麼呢？

如果孩子的語言能力較差，大概會錯三題以上，而閱讀能力低落的孩子，頂多答對兩到三題。如果孩子的語言能力相當好，那麼讀過一遍後，不僅能清楚記住故事情節，也能記住書中小貓的毛色。這並不是因為記憶力好，而是因為他們理解與整理故事邏輯的能力，也就是語言能力較好的緣故。

在這兩種人當中，哪一種人的學習更好？相信答案不言自明。

祕訣是只讀三分之一

明彬的程度還不足以參加補習班課程，他連國小一年級程度的書都無法掌握，遑論國小三年級程度的書了。因為不懂得閱讀，所以寫作也遲遲無法開始。我認為當務之急是先提升明彬的閱讀能力，所以額外設計了一個課程，讓他一週讀一本國小一年級程度的故事書，並且拜託明彬媽媽，每天反覆讀指定讀物的前三分之一給明彬。因為書本非常薄，這個份量只要十分鐘就能讀完。我也拜託明彬媽媽，如果孩子吵著要繼續讀，也不要讀之後三分之二的內容給孩子聽。

我之所以這樣拜託明彬媽媽，主要有兩大原因。所謂故事，主要是由主角發生什麼問題、如何解決問題所構成。解決得好，就是 happy ending；解決失敗，就是 sad ending。只要讓孩子真正了解主角發生了什麼問題，他們自然會對之後的發展感到疑惑，好奇接下來會發生什麼事情。**出現好奇心，代表孩子掌握了書本的核心脈絡，並且將主動閱讀後半段的故事**。但是閱讀能力低落的孩子，單憑自己閱讀，無法掌握開頭發生的事情。因為不知道發生了什麼事，自然對後半部的發展毫無興趣。為孩子朗讀故事書的前三分之一，等於直接告訴孩子主角發生了什麼問題，帶領孩子走到好奇心出現的那一刻前。

父母讀完故事書的前三分之一後，再給孩子四十分鐘自行閱讀後半部。這時，父母需要儘量保持強硬的態度。不管孩子如何扭動身體不肯配合，或是苦苦哀求，都得先讓孩子把書本抓在手上。孩子讀完四十分鐘後，父母再和孩子一起簡單聊聊今天閱讀的內容。這時最重要的不是測驗孩子是否理解讀過的內容，而是針對孩子的感想或印象深刻的部分對話，營造輕鬆聊天的氣氛。隔天父母再讀同一本書的前三分之一，留四十分鐘讓孩子自行閱讀後半部，並且聊聊書本內容。這個模式必須維持一週，直到第七天實施閱讀誠實度測驗。父母提出十個左右的核心問題，檢查孩子答對多少題。

連續一週反覆閱讀同一本書的目的，是為了讓孩子牢牢記住開頭內容和故事發展。若能堅持一週持續為孩子朗讀相同的開頭部分，如此一來，即使孩子讀不懂後半部的內容，也已經對開頭耳熟能詳，甚至能記住細微的修辭用語。照這個模式閱讀兩本書，便能清晰掌握兩本書的開頭；讀完三本書，則能清晰掌握三本書的開頭。

這種方式有兩個效果，第一個效果是熟悉國小低年級程度書籍的寫作風格。國小低年級程度的書籍有一定的文字密度，這個密度自然高於學齡前的圖畫書，低於國小三、四年級程度的圖文書。

例如學齡前嬰幼兒圖畫書《白雲麵包》，只用七個句子描寫作者在下雨天醒來，和弟妹一起外出，到發現雲朵的情形。然而國小低年級程度的童話書《愛吃書的狐狸先生》，足足用了二十七句描寫狐狸吃書吃到一半，被圖書館員逮個正著的情形。國小低年級程度童話書的句子，比嬰幼兒圖畫書的句子要更具體且詳細。閱讀能力低落的孩子因為幾乎沒有受過閱讀訓練，自然覺得句子太長、太詳細，對於國小低年級程度童話書的文字密度感到吃力。所以只要讀書本的開頭給孩子聽，讓孩子熟悉國小低年級童話書的文字密度，將可降低他們對閱讀的抗拒感。

第二個效果是不斷重複開頭的內容，讓孩子邊聽邊熟悉書中故事。連續一週聽著相同的開頭內容，並且重複閱讀後半部內容，這個過程就像海綿吸飽顏料一樣，孩子將可熟悉故事的內容和氣氛。

為孩子反覆閱讀開頭的行為，既能讓孩子適應書本的文字密度，又能幫助他們熟悉故事中的世界，等於消除他們對書本的抗拒感。如此一來，在五本書之內，一定會出現孩子願意從頭讀到尾的書。只要出現一本從頭讀到尾的書，接下來的挑戰將更加順利。因為孩子願意從頭到尾讀完一本書，代表他已具備能消化一年級書籍的文字分量和語言程度的能力了。

連續閱讀四到五本一年級程度的書籍，即可進入二年級程度的書籍。用同樣的方式克服二年級程度的書籍，再接著進入三年級程度的書籍。明彬花了三個多月的時間，才能順利閱讀三年級程度的書籍。以這種程度的孩子，可以說相對進步快速的了。

決定成功與否與進步速度的原因，主要有兩個，第一是**讓孩子深刻知道，沒有任何辦法可以逃避閱讀**。閱讀能力低落的孩子強烈抗拒書本，總會想辦法逃避閱讀，所以建議先讓孩子坐下，向孩子說明為什麼要閱讀，並且訂好規則。例如訂好「每天晚上八點到九點是閱讀時間」，並且選定一個固定的閱讀空間。此外，也要事先告訴孩子閱讀的過程，例如「父母朗讀十分鐘→孩子讀四十分鐘→對話十分鐘」。更重要的是表現出果決的態度，無論發生什麼事，都得遵守這個原則。唯有這樣，孩子才不會想方設法丟出一堆藉口，只想逃避閱讀。在孩子閱讀的時候，父母也不可以離開座位或滑手機。如果自己辛苦讀著書，而父母卻不在身邊或在玩，這種情況將使孩子立刻鬆懈。最好的辦法是父母和孩子一起閱讀。只要父母在身旁陪伴閱讀，就能帶給孩子極大的幫助。因為孩子知道這段時間有父母的陪伴，也就更容易集中注意力。

決定成功與否與進步速度的第二個原因，是「**挑選的書籍有多有趣**」。把一堆無聊的書塞給原本閱讀能力就低落的孩子，只會讓他們的痛苦加倍，導致失敗的可能性急速上升。反之，給孩子真正有趣的書籍，即使只有一本書，也可以得到驚人的效果。孩子讀著讀著，甚至沒有意識到自己正翻頁往下讀，不知不覺就把一本厚厚的書讀完。

讀完一本有趣的書，就能挑戰其他分量相同的書。即使看到之前敬而遠之的磚頭書，也不再感到抗拒。真正重要的，不是選擇對孩子有幫助的書，而是選擇孩子覺得有趣的書。孩子越是大量接觸那些書，越能輕鬆戰勝閱讀能力低落的狀態。

讓孩子愛上閱讀的七個原則

❶ 有趣的閱讀才是最好的閱讀。

❷ 指定閱讀時間，每天閱讀。

❸ 不勉強孩子閱讀知識類圖書。

❹ 每週前往圖書館或書店一次。

❺ 越晚接觸智慧型手機和電腦越好。

❻ 盡可能不讀知識類漫畫。

❼ 閱讀速度越慢，思考越多的閱讀，能讓孩子越聰明。

孩子的閱讀習慣檢測表

項目／分數	5分	4分	3分	2分	1分
是否每天閱讀？（除學校作業外）	每週5天	每週3到4天	每週2天	每週1天	0天
每本閱讀速度？（以高年級長篇童話為基準）	4小時以上	2小時以上	1小時以上	1小時以內	30分鐘以內
每月讀幾本書？	10本以上	5本以上	3本以上	1本以上	0本
每次閱讀時間？	2小時以上	1小時以上	1小時以內	30分鐘以內	10分以內
是否會主動分享讀後感？	每次都說	讀到有趣的書會說	偶爾幾次	要求才會說	不說
能不能說出書中情節？	非常詳細	主要情節	大致情節	簡單說幾句	說錯

知識類漫畫占總閱讀量多少？	不讀	10本中有1本以內	10本中有3本以內	10本中有5本以內	10本中有5本以上
知道怎麼寫學校作業中的日記和書籍讀後感嗎？	非常如此	如此	一般	不太會	寫3到4句就放棄
國文成績是否高於學習量？	有時不學習也有90分	學習後達90分以上	80分以上	70分以上	70分以下
有沒有喜歡的作家和書籍類型？	兩者都有，主動找來看	兩者都有，常找來看	只有其一，偶爾找來看	只有其一，不會找來看	沒有
共					

總計　　分

結果：

- ● 50～45分：非常優秀
- ● 44～35分：優秀
- ● 34～25分：普通
- ● 24分以下：不佳

第四課

閱讀能力低落的急救法（一）

適用年齡：國小低年級

要克服國小低年級閱讀能力低落的狀態，最好的辦法是從符合孩子語言程度的書開始，按部就班克服每一個階段。如果孩子正就讀國小三年級，閱讀能力只有國小一年級，就要從國小一年級程度的書開始。等到孩子能自行閱讀五本一年級程度的書，並說出書中的情節，再進階到二年級程度的書即可。

一週閱讀計畫

第一天	**挑選書本**	每週和孩子上一次圖書館或書店，挑選五本要讀的書。從一年級程度的書籍開始讀。
後五天	**在規定的閱讀時間內閱讀**	父母先朗讀十分鐘，孩子讀四十分鐘，最後對話十分鐘。
最後一天	**給予獎勵**	孩子順利閱讀一年級程度的書籍後，準備簡單的派對或禮物等，算是一種閱讀獎勵。
進入下一階段的書本		依照上述方法閱讀二年級程度的書籍。

每天閱讀

保持「父母朗讀十分鐘↓孩子閱讀四十分鐘↓對話十分鐘」的流程。不是一週內只能讀同一本書，只要孩子自行讀完一本書，就能進入下一本書。像這樣**自行閱讀，並且能說出書中情節的書達到五本，即可進入下一階段的書籍。**

持續鼓勵

孩子可以進入下一階段的閱讀，是值得祝賀的事，因為孩子的閱讀能力又提升了一個階段。**準備簡單的派對或禮物慶祝，可以讓孩子感到自豪與成就感。**

第五章 和書本絕緣的孩子，找出突破口吧！

迷失在課本裡的孩子

國小低年級的閱讀能力低落，和國小高年級、青少年的閱讀能力低落，兩者性質稍有不同。如果說國小低年級的閱讀能力低落，是指閱讀文章的四階段（聲音解析→意義解析→意義連結→二次意義連結）無法整合在一起，即使閱讀也無法掌握文意的狀態，那麼國小高年級、青年期的閱讀能力低落，則是四個階段雖然整合在一起，卻無法有條理地判讀符合自身年齡程度的文字。假設孩子讀的是高中一年級的理科課本：

適居帶是指行星系中，水能以液態存在的距離範圍。位於適居帶的行星與衛星上，可能存在生命體。當行星質量較大時，適居帶形成的範圍較廣；當行星質量較小時，適居帶形成的範圍較窄。在太陽系中，適居帶位於金星與火星之間。

——摘自《高中地球科學》

在高中一年級學生中，有不少孩子讀完這個段落仍無法正確理解文意。他們不知道「水能以液態存在的距離範圍」或「當行星質量較大時，適居帶形成的範圍較廣；當行星質量較小時，適居帶形成的範圍較窄」，代表什麼意思。他們不是不能理解單字，而是不能理解整段話的意思，這就是「跟不上邏輯」。閱讀能力低落的孩子讀完一頁教科書後，如果要他們找出不會的單字，他們只會呆愣在原地。因為沒辦法整個理解整段文章，當然也不知道自己不知道的單字在哪裡。有不少中學生正經歷這種困難，差別只在於程度的不同而已。

想提高學習能力，必須懂得在閱讀的同時盡情思考。這才是學習的全部。「水能以液態存在的距離範圍」，這句如果照字面上的意思解釋，難以掌握句子的意思。孩子可能會想，「水不就是液體嗎？以液態存在的距離又是什麼？距離和液體有什麼關係？」

學習能力高的孩子，是在讀到「能以液態存在的距離範圍」這句描述時，下意識想到這與溫度有密切關係。水在零度以下為固態的冰塊，一百度以上為氣態的水蒸氣，在零度與一百度之間，當然以液態存在。此外，也同時立刻想到決定這個溫度的，是與恆星之間的距離。

恆星是自行發光發熱的炎熱天體，最有代表性的是太陽。靠近恆星，水變成氣態的水蒸氣；遠離恆星，水變成固態的冰塊。必須像這樣聯想到文章中沒有直接出現的相關知識，才能掌握文章的意義。經過對文章的分析後，腦中將會出現以下的圖表。

語言能力優異的孩子，在讀到「水能以液態存在的距離範圍」的瞬間，已結束上述所有思考過程。所以能學習得更快、更輕鬆。閱讀能力低落的國小高年級、青少年，就是辦不到這點。

教科書的語言程度變難，指的其實是文章的邏輯變複雜。而在閱讀這篇邏輯複雜的文章時，必須善用文中沒有直接出現的知識或概念、觀念，才能完成解

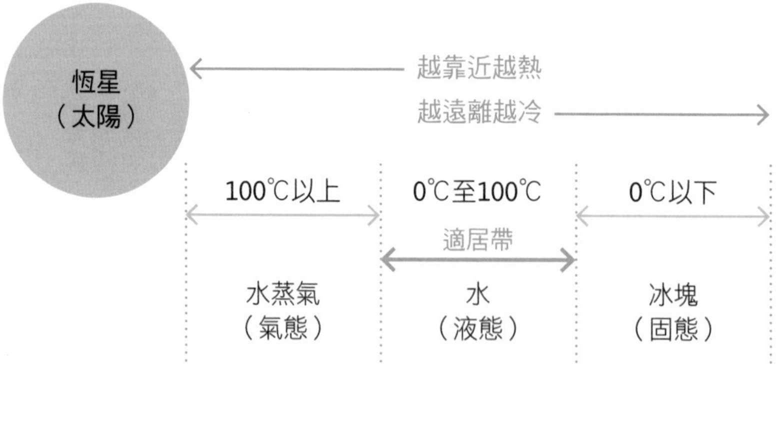

釋。無論是國文、自然，還是社會課本，都是一樣的道理。

閱讀能力低落的孩子並不是不知道「水在零度與一百度之間以液態存在」的事實，所以才無法理解這段文字。而是在閱讀時腦中沒有流利的思考，才無法理解。因此，無論他們再怎麼努力翻讀課本，也不可能學得好。閱讀也是一樣的道理。在這個狀態下，就算讀再多的書，也無法掌握書本內容。因為讀了也等於白讀，所以閱讀沒有效果；因為閱讀沒有效果，所以怎麼也脫離不了閱讀能力低落的狀態，最後深陷死胡同之中。

四個月擺脫全校吊車尾

賢圭來找我的時候，大約是在國中二年級寒假的時候。因為成績墊底，再這樣下去，恐怕進不了人文高中。據說賢圭媽媽無論如何都想拉高賢圭的成績，所以生活再怎麼忙，也要到處打聽哪家補習班教得好。但是賢圭依然沒能脫離全校吊車尾的成績，這才抱著死馬當活馬醫的心情找上我。其實找上我的時候，賢圭媽媽已經是半放棄的狀態了。

「就算去讀高工，這種狀態大概很難考到證照吧。我真的要煩死了。」

我讓賢圭先寫基礎語言能力測驗卷，結果是三十八分。他的語言能力相當於國小三年級程度。國小三年級讀國中二年級的書，成績當然只能在三十幾分徘徊。他是我從事論述補習班講師以來，所見過程度最差的孩子，我算是遇到了勁敵。

我老實向賢圭說明了目前的狀態。「你的年齡是國中三年級，腦袋還停留在國小三年級。這樣你不管是學習還是其他事情，什麼都做不了。脫離這種狀態的唯一方法只有閱讀，但是這會很辛苦。因為你現在再怎麼讀也不知道意思，讀不懂自然也就沒有興趣。就算這樣，還是要咬牙堅持讀下去。不管花十個小時還是讀上十遍，你都要確實了解書中的內容。這次寒假要有覺悟，先把其他事情全部推掉，專心在閱讀吧。你現在的程度就算讀英文、數學，也不會有幫助。」這番話說得賢圭臉色發白。素昧平生的老師，竟然敲著書桌劈頭對自己說些侮辱人的大道理，賢圭心裡一定非常不是滋味。其實站在我的立場，也有不得不那樣做的苦衷。對賢圭這樣程度低下的孩子而言，閱讀本身讓他們生不如死。在和睦的氣氛下，不可能逼迫他們閱讀。再說賢圭現在已經國三，想要考上人文高中，接下來高中入學考試至少要拿到平均八十分才行。如果不在寒假結束前把他的語言能力提升到國三的程度，一定達不到這個目標。沒有時間慢慢等孩子親近書本了。

正如我所料，賢圭一開始就沒跟上進度。第一堂課寫完十題有關書中核心內容的閱讀誠實度測驗，賢圭連一題都沒有答對。

「我真的都讀了！」

賢圭帶著委屈的表情對我說。

「你有沒有讀不重要，重要的是你沒有把書中內容記下來。」

賢圭嘆了一口氣，低下頭來。似乎在說我太無情，一點也不體諒他。

「假設你看了某部電影，可是電影的內容一點都想不起來，那你可以說看過那部電影嗎？那只是『瀏覽』電影，不是真的看電影。如果你讀過這本書，一定會知道內容。不要只是發出聲音讀字，閱讀的時候要真的記住內容！」

「……。」

「回去重讀。」

「什麼？」

「我叫你從頭再讀一遍。每個句子的意思都要掌握。兩個小時後，我會再問一次你讀過的內容。不必在意速度，就算只讀一頁也好，一定要完全讀懂。」

「這樣老師就會讓我回家嗎？」

「當然。」

賢圭兩個小時內讀了將近三十頁。我出了五個問題，賢圭答對兩題，答錯三題。

「我給你一星期，把這本書讀完三遍再來。也別想騙我，如果閱讀誠實度測驗沒有拿到滿分，就代表你沒有讀三遍。只要讀過三遍，任何人都可以完全了解書本內容。」

總之，我要賢圭無論使用什麼手段或方法，都要讀完那本書，並且完全掌握書中內容。我還恐嚇一下他，如果在閱讀誠實度測驗中沒有拿到滿分，以後每天都要來補習班閱讀才行。結果賢圭連一遍也沒讀完，下場就是每天來補習班報到。賢圭足足花了三個星期，才從頭到尾讀完青少年小說《手斧男孩》（*Hatchet*），並且完全掌握內容。賢圭在過程中用盡各種力量抵抗，其間也遇到不少波折。他曾經關機消失不見，曾經書讀到一半悄悄逃走，也曾經被我罵到大哭。其實這些都是正常的。用國小三年級程度的語言能力閱讀、理解青少年小說，並非易事。再加上還得一讀再讀，直到完全理解意思為止，這肯定是非常痛苦的過程。賢圭如果不是國中三年級生，也許還不必做到這種程度，身為老師的我也無可奈何。

儘管經過一陣天翻地覆，結果仍沒有太大改變。賢圭整個寒假才勉強讀完三本青少年小說。在國三上學期開學前，我又對賢圭進行了一次基礎語言能力測驗，結果是六十二分，達到相當於小六生的程度了。雖然成績進步讓賢圭開心得不得了，我卻開心不起來。因為雖然成績的確進步了，閱讀也比以前更順暢，不過要趕上國三的課業，還有一大段距離要努力。賢圭的國三上學期期中考平均六十四分，英文、數學成績雖然和以前一樣，不過多虧其他科目成績把成績拉了上來。

「你表現得很好，但是還不夠。要考上人文高中，期末考一定要超過八十分。繼續努力！」

兩週後，賢圭離開了我所在的補習班，因為他的在校成績已經進步到六十分以上。賢圭媽媽心想接下來只要提高英文、數學成績，就能考進人文高中，所以把賢圭課後的時間全部塞進英文和數學家教。

當然，賢圭還沒完全脫離閱讀能力低落的狀態。即便如此，我之所以介紹賢圭的案例，是為了用具體的成績變化和短期訓練的成果，說明如何脫離閱讀能力低落的狀態。賢圭原本是個語言能力只有國小三年級程度，課業成績平均三十多分的學生，他在四個月內讀完了五本青少年小說。當時他沒有上其他任何一間補習班，閱讀開始才兩個月，語言能力就提升到國小六年級的程度；在四個月後的學校考試中，創下平均六十四分的紀錄。閱讀狀態也進步不少。如果照這個狀態讀完三年級上學期，語言能力必能提升到相當於國中三年級的程度。我想就算不到平均八十分，至少進步到七十分左右也不會有太大問題。雖然這個方式既痛苦又具有強迫性，但是效果是明確的。原理相當簡單，只要不是「瀏覽」書，而是真正閱讀、理解每一字一句即可。賢圭不過是閱讀並且理解書本，就能提高語言能力，成績也大幅進步。這就是全部的祕訣。

反覆閱讀的強大力量

改善國小高年級、青少年閱讀能力低落的方法，主要有兩個：一個是**善用「程度閱讀」法**，也就是先大量閱讀符合自身語言程度的書籍；另一個是**善用「反覆閱讀」法**，也就是一而再、再而三反覆閱讀，直到能理解符合自身年齡程度的書籍為止。

運用「程度閱讀法」時，先從符合自身語言能力程度的書籍開始，按部就班提升每一階段的程度，直到讀懂符合自身年齡的書籍為止。假設有個國三生，語言能力只有小三的程度，可以先讓他精讀十本國小三年級程度的書，再做閱讀誠實度測驗。如果有三本以上得到滿分，就能進入下一階段，也就是國小四年級程度的書。用這種方式不斷提高閱讀程度，直到能閱讀國中三年級程度的青少年小說為止。這個方法實行起來相對容易，不過缺點是花費時間較長。因為花費時間較長，在實行過程中，孩子的緊張感較容易鬆懈，這也是一個問題。比起青少年，這個方法更適合時間相對寬裕的國小高年級生。

反之，運用「反覆閱讀法」時，不管語言能力的程度如何，都要讀符合自身年齡的書籍。換言之，就是讓語言能力只有小三程度的國三生，閱讀國中三年級程度的書籍。由於閱讀的書籍程度遠高於自己的語言能力，孩子在閱讀時必然感到極大的痛苦。不過可以在短時間內看到顯著的效果。

閱讀能力低落的孩子，對符合自身年齡的書籍備感壓力。因為他們消化不了書中的邏輯、文字分量和訊息量。所以即使讀完了一本書，也掌握不了大部分的內容。在這種狀態下重新閱讀其他書籍，也一樣掌握不了內容，閱讀淪為「走馬看花」。而反覆閱讀能終結這樣的惡性循環。

假設一位閱讀能力不足的小四生，閱讀耶里希・凱斯特納（Erich Kästner）的《雙胞胎麗莎與羅蒂》（*Lottie and Lisa*）。起初閱讀的時候，孩子很容易錯過大部分的情節。雖然他們能記住故事講的是兩個長得一模一樣的女孩偶然相見，但是記不住見面的場所；或者知道兩個人是從小分開的雙胞胎，卻不知道她們為什麼分開。無論如何，雖然訊息不足，他們還是累積了一定的訊息量。在這個狀態下，重頭再讀一次，就能開始看見第一次閱讀時錯過的部分。「喔，原來她們在夏令營見面的啊。」、「原來是爸媽個性不合才分開的啊。」原本散落的拼圖重新拼上了。第三次閱讀的時候，也出現相同的現象，看見了第二次閱讀時沒有看見的內容。越是反覆閱讀，孩子對書本內容的了解越多。藉此，孩子將可獲得過去不曾有過的真正的閱讀經驗，也就是閱讀並理解書本的閱讀。

這種真正的閱讀經驗具有多大的威力，只要讓孩子閱讀其他書籍就可以知道。透過反覆閱讀徹底理解《雙胞胎麗莎與羅蒂》的孩子，接著讀到另一本程度相當的《巧克力冒險工廠》（*Charlie and the Chocolate Factory*），一定會發現比閱讀《雙胞胎麗莎與羅蒂》時更輕鬆容易。孩子自己都覺得神奇。同樣讀第一遍，腦中記住的訊息量也不同。讀第一遍《雙胞胎麗莎與羅蒂》時，如果只能記住三成的訊息，那麼讀第一遍《巧克力冒險工廠》時，將可記住六成的訊息。好比漁網的縫隙越來越密，能從書中撈起更多訊息。只要依照這種方式反覆閱讀三本書，孩子將可擁有截然不同的閱讀能力。從這一刻起，即使只讀一遍，孩子也能掌握書中八成的內容。因為他們的漁網越來越密，能輕易從書中撈出大量訊息。

反覆閱讀之所以具有這樣的威力，是因為他們已經超越完全掌握書中內容的程度，達到熟記故事結構的境界了。故事書有固定的邏輯結構，稱為「情節」，以建築物來比喻，相當於其中的骨架結構。每個故事的細節不盡相同，但是基本運作的原理相似：主角陷入困境，與困境對抗，最後戰勝困境或不敵困境。

《春香傳》

春相與李夢龍相戀。（**提示狀況**）

↓

李夢龍離鄉赴考，卞使道到職。（**困境展開**）

↓

卞使道逼春香為妾，春香不從而入獄。（**困境強化**）

↓

春香受刑當天，以暗行御史[9]身分返鄉的李夢龍救下春香。（**困境解決**）

9. 朝鮮時代奉國王命令下鄉考察民情的官職。

《雙胞胎麗莎與羅蒂》

長相一模一樣的兩個女孩相見，這兩人是從小分開的雙胞胎。（**提示狀況**）

↓想一家團圓的兩人互相交換身分。姊姊住到妹妹家，妹妹住到姊姊家。（**困境展開**）

↓爸爸媽媽不知道孩子交換身分，對孩子個性的轉變感到奇怪。（**困境強化**）

↓由於兩個孩子的努力，爸爸和媽媽破鏡重圓。（**困境解決**）

可以說故事是由「提示狀況→困境展開→困境強化→困境解決」四個區塊組成。比起閱讀許多本內容不同的書籍，不如反覆閱讀同一本書，更能輕易且快速熟悉這四個區塊。這不是刻意學習，而是透過反覆閱讀同一本書，在潛移默化中熟悉故事的結構。未來在翻閱其他書籍時，這個內化的情節意識將會啟動。孩子在翻開書本前，已經開始好奇「主角會遭遇什麼樣的困境」，對內容興致盎然。在閱讀的過程中了解困境的類型後，孩子接著也會好奇「這個故事會如何強化困境」。當困境強化後，又想知道「主角如何解決困境」。完全熟悉故事的結構後，未來在閱讀時，便能以這種方式梳理出故事的脈絡。如此一來，孩子將能更輕鬆閱讀故事書，也會覺得更有趣。

利用語言能力測驗提高學習動機

對國小低年級生而言，父母積極的態度與規定、稱讚、些許的獎勵等，是激發他們反覆閱讀的主要動力。但是對國小高年級或青少年而言，這些方法行不通。貿然嘗試可能引來孩子反抗，大呼「把我當小孩嗎？」沒錯，這些孩子已經不是小朋友了，所以得用符合他們年齡的方式回答。父母必須花更大的精力，讓孩子自己發現閱讀對學習影響深遠。

我主講過幾場介紹閱讀方法的課程，知道苦口婆心告訴國小低年級孩子閱讀如何影響學習，並不會有多大幫助。小學的孩子很容易失去注意力。但是中學生不同。他們可能一開始毫無興趣，心想「我就聽你講道理吧」，但課程才進行五分鐘，他們已經傾身向前，眼裡發出閃亮的光芒，全神貫注地聽課。他們想要有好的課業表現，但教科書怎麼讀也讀不懂；因為讀不懂，所以更討厭學習，卻又不得不學習，只好勉強啃下課本；即便如此，成績依舊不見起色。而現在眼前有個講師向他們說明原因，又該怎麼解決這個問題，他們當然立刻振作精神。所以即使課程結束，他們依然問個不停，甚至這樣還不過癮，非得到教室外圍著我連番發問，往往超過原訂課程時間一小時才結束，表示孩子們是如此渴望解答。

我之所以在這本書中用了大量的篇幅說明閱讀與學習的關係，原因也在於此。因為當務之急是正確認知這個原理，並且了然於心。不管是父母親自說明，還是讓孩子讀這本書，哪一種方法都好。關鍵是讓孩子親身體會閱讀的重要性。不明白非閱讀不可的原因，閱讀誠實度必然會降低；閱讀誠實度降低，當然看不見閱讀效果。

在孩子充分了解閱讀的必要性後，接下來要做的，便是引導孩子檢視自身的狀態。他們必須知道現在自己的語言能力到達什麼程度，而這樣的語言能力又能達到多大的學習效果。方法正是利用「語言能力測驗」。

我在指導學生時，每六個月進行一次語言能力測驗。原因有兩點，第一，讓孩子努力的起點更明確。即使是年齡相同的孩子，語言能力也天差地遠。有國三生的語言能力只有小三程度，也有小六生的語言能力達到高二程度。知道自己的程度在哪裡，就能更明確認知到「非閱讀不可的原因」。

第二，追蹤閱讀為語言能力帶來多大的改變。因為花費心力閱讀，卻無法看見自己成長了多少，這個努力只會流為形式。每六個月測驗一次語言能力，就能追蹤孩子的語言能力出現多少改變。正如本書一再強調的，如果以大考國文科為標準，只要持續每兩週精讀一本書，每六個月平均分數能進步五到十分。反覆閱讀能提高成績的效果，正是如此驚人，少則進步十分，多則進步三十分。如果持續閱讀六個月，孩子的語言能力還是原地打轉，那麼意思已經非常明顯了。說是說已經反覆閱讀二到三遍，實際上等於沒讀。不論孩子是完全沒有讀，還是眼睛快速掃過文字的速讀，甚至是讀出文字時邊想著其他事，都不是實質上的閱讀。換言之，六個月後的語言能力測驗，算是為了確認這段時間的閱讀是否澈底執行的客觀測驗。如果孩子確實按部就班反覆閱讀，必將獲得令人驚訝的分數，而這個分數又將成為鼓勵孩子繼續閱讀的動力。換句話說，語言能力提高的滋味使他們更專注於閱讀。

◆全民中文能力檢定（CWT）

簡稱全民中檢，是針對華語為母語者的語文測驗。電腦技能基金會的中文能力測驗中心所舉辦，也是教育部唯一採認的中文能力證照。因為是專業機構主辦的考試，值得信賴，也會根據分數排出等級，自然可以檢測孩子的語言能力程度。

全民中檢的整體通過率約六成。第一次測驗分數極有可能低到跌破眼鏡，因為不少孩子具備的語言能力，比自身年齡要低。測驗分數可能令父母備感衝擊，但是孩子也同樣受到巨大的衝擊。學校成績考差了，或許還有逃避的藉口，「我只是沒有讀書才那樣」。但是當自己的語言能力比同儕平均值還低時，就沒有辦法逃避了。因為這是客觀評鑑能力的測驗。孩子將會深刻體會自身程度的嚴重性，這時請向孩子推薦能以極端方式拉高語言能力分數的「反覆閱讀法」。利用這個方法在六個月內讀完十二本書，就能大幅提高成績。

建議可以對孩子定期實施測驗。可以四個月測驗一次，一年測驗三次，也可以六個月測驗一次，一年測驗兩次。當孩子帶著熱忱閱讀時，測驗分數必將快速提高。

◆ 大學入學考試國文科歷年題本

大學學測國文科考古題也是非常不錯的語言能力測驗工具。考題皆由國內最頂尖的專家嘔心瀝血出題，水準相當高。而且父母也可以直接知道孩子未來大考能不能考好，這點也很吸引人。缺點是總共四十二道題中，有三分之一的題目與高中課本內容直接相關。不過即使沒有相關，大學學測國文科本身也是非常困難的考試，再說還得回答不曾見過的古典小說或古典詩、文法問題，常讓考生一個頭兩個大。所以針對國中生測驗時，使用去掉古典詩、古典小說、文法問題的精選題本，多少可以減輕學生測驗的壓力。只要在學測考古題上，用紅線把古文問題和文法問題劃掉，即可直接使用。大學學測國文科考古題可上大學入學考試中心網站（https://www.ceec.edu.tw/）下載。

閱讀能提高語言能力，至於語言能力提高多少，可以利用各種測驗工具來檢測。只要在四個月或六個月內按部就班閱讀，孩子的語言能力測驗分數將持續提高。目標是在國中畢業之前，能在寫學測國文科原題本時，拿到八十分以上的成績。換言之，國中三年級的時候，語言能力就要達到高中三年級的高級程度。這也代表孩子已經具備能考上頂尖大學的金頭腦。實際上在我指導過的學生中，在國中三年級就達到學測國文科八十分的孩子，考進頂尖大學的入學率為八十%；反之，學測國文科成績不到六十分的孩子，日後考進頂尖大學的入學率不到十%。

閱讀能力低落的孩子，並非先天帶有某種缺陷，他們不過是缺乏閱讀訓練，才會陷於困境之中。缺乏閱讀訓練導致的困境，只能透過閱讀訓練來克服。請和孩子一起擬定閱讀計畫，並且一起挑戰閱讀訓練吧。原本閱讀能力低落的孩子，將可在六個月後達到與同儕相等的語言能力，並且在一年後超越同儕，兩年後具備等同高三程度的語言能力。

語言能力測驗使用方法

我建議在閱讀的過程中，每四個月或六個月進行一次語言能力測驗。如果能在國中畢業前，於大學學測國文科原題本測驗中取得八十分，代表已具備能應付高中課業的語言能力。

◆ 可以檢測語言能力的測驗

測驗名	說明	網站
全民中文能力檢定（CWT）	針對華語為母語者的語文測驗，根據自身程度報名，一般來說，小學生多報考「初等」，國中生多報考「中等」，高中生則考「中高等」。	www.cwt.org.tw/CWTFrontEnd
大學入學考試國文科精選題本	從學測國文科原題本中，去掉與高中課本相關的題型（古典詩、古典小說、文法問題），所編成的精選題本	大學入學考試中心網站（www.ceec.edu.tw），點選「學科能力測驗」、「歷年試題」、「國文」即可下載
大學入學考試國文科原題本	大學入學考試國文科歷屆考古題	

◆施行語言能力測驗的四階段

第一階段	第二階段	第三階段	第四階段
全民中文能力檢定初等	全民中文能力檢定中等／學測國文精選題本六十分	全民中文能力檢定中高等／學測國文精選題本八十分	學測國文科原題本八十分
代表具備國小六年級程度以上的語言能力。可將考試類型改為學測國文科精選題本。	代表具備國中三年級程度的語言能力。面對國中課業沒有困難。	代表具備高中二年級程度的語言能力。可以將考試改為學測國文科原題本。	代表具備高中三年級程度的語言能力。面對高中課業沒有困難。

（目標）

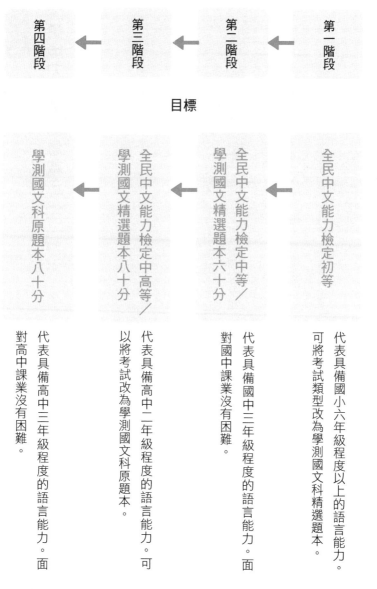

第五課

閱讀能力低落的急救法（二）

適用年齡：國小高年級～國中

讓國小高年級和國中生以上的孩子確實明白必須閱讀的原因，是非常重要的。父母必須多花點心力，引導孩子了解閱讀能力與成績的關聯性。可利用「全民中文能力檢定」和「大學入學考試國文科歷年題本」測驗語文能力，每四個月進行一次語言能力測驗，檢視孩子的語言能力程度，將有助於提高孩子的學習動機。全民中文能力檢定若是通過中等，代表完全脫離了閱讀能力低落的狀態。達到這個分數後，再將測驗工具改為大學入學考試國文科歷年題本，並且將測驗時間拉長至六個月一次。

五本書閱讀計劃

對話		説明學習與語言能力的關聯性，讓孩子確實明白必須閱讀的原因。
進行語言能力測驗		透過語言能力測驗，檢視孩子目前的語言能力狀態。
挑選書本		國小高年級建議選擇輕鬆有趣的長篇童話，國中以上的孩子建議選擇青少年小説。
閱讀	（一）閱讀開頭	因為長篇童話和青少年小説分量較多，閱讀能力低落的孩子很難一次從頭讀到尾。先讓孩子閱讀第一章即可。
	（二）檢查是否了解內容	讓孩子説出開頭的內容。如果無法完全掌握開頭內容，必須重讀一次。掌握內容的能力嚴重不足時，讓孩子抄寫。
	（三）閱讀後面部分	完全掌握開頭內容後，讓孩子閱讀接下來的內容。利用這種方式讀完整本書。
挑選下一本書，重複一到三階段		以相同方式讀完五本書。
重新進行語言能力測驗		由於語言能力處於低落的狀態，所以即使只認真讀完五本書，語言能力測驗分數也會有顯著進步。讓孩子親眼看見這樣的改變，將可提高孩子的學習動機。

以小標題為單位閱讀

以小標題為單位，一次閱讀一章。因為只讀一遍大多無法完全理解，最少要讓孩子重複讀三遍。

仔細檢測閱讀狀態

藉由對話檢測孩子的閱讀狀態。孩子無法掌握內容時，應與抄寫一起進行。

第六章
成為「閱讀型人才」的第一步

教育強國期盼的人才

國小三年級的太鉉從一出現就令人印象深刻。

「媽媽，這裡，這裡。」

一個男孩拉著媽媽的手，推開補習班的門進來。媽媽滿臉尷尬地向我打聲招呼，看也知道是拗不過孩子，被拖進補習班的。通常是媽媽拖著百般不願意的孩子來，而太鉉的情況正好相反。

太鉉安排媽媽在我面前坐下後，便一溜煙跑去書櫃旁，滿臉興奮地開始瀏覽書櫃。其實不少孩子進到論述補習班，第一件事就是參觀書櫃，但是太鉉似乎有些不同。該怎麼說呢？就像在他眼前的不是書，而是一個充滿新奇玩具的展示櫃。

「太鉉這孩子非常喜歡書。」

也許是對太鉉魯莽的行為感到抱歉，媽媽尷尬地笑著說。面談過後，知道太鉉確實是與眾不同的孩子。別說是私人教育，太鉉連測驗卷也沒有寫過。認字也是在他五歲的時候自學的。

「喜歡看書當然好。可能是因為讀了很多書，他確實是很聰明。沒有上補習班，也沒什麼在學習，成績卻還是很好。但是一整天離不開紙本書，反倒讓我很擔心。他不太跑跑跳跳，大概是因為這樣，他長得比其他孩子弱小，可以說是體弱多病。我想讓他多運動，還送他去上跆拳道，結果不到兩個月就放棄了。」

這樣的太鉉主動說自己要上論述補習班，媽媽自然開心不起來。

太鉉真的是個讀書狂。每次來補習班一定借五到六本書走。但是那並非這孩子一週的全部閱讀量。太鉉去圖書館就像進自己家廚房一樣，借了許多書來讀。借閱書籍的種類非常多，從國小低年級生看的圖畫書，到高年級的童話書、科學書、歷史書都有。補習班休息時間結束，其他孩子因為手機遊戲還沒玩完，央求「老師再一分鐘就好」，太鉉則是因為手中的書還沒讀完，央求「老師再一分鐘就好」。這個孩子讓向來主張閱讀至上的我，丟出一句自己都感到陌生的話——「把書收起來」。正如字面所形容，太鉉從沒放下手中的書過。

太鉉在我們補習班上不到一年，他升上四年級後，不久便搬了家。在太鉉搬家前，我千方百計把太鉉找來補習班，讓他考語言能力測驗。雖然他的年級還不是語言能力測驗的對象，不過我想檢測太鉉的語言能力到什麼程度。測驗結果為八十七分，也就是國小四年級生太鉉，已具備國中三年級程度的語言能力。

其實太鉉也不是每科都滿分的資優生，他只是班上超過一半科目成績達到九十分以上的資優生之一。可是這些資優生得到九十分的方式截然不同。其他孩子上補習班、寫測驗卷、努力準備考試，才得到這些分數。但是太鉉除了學校的課程外，沒有額外付出什麼努力，就得到了這個分數。其他孩子油門踩到底，全力衝刺拿到的成績，太鉉不過稍稍踩個油門就拿到了。這樣的孩子升上國中、高中，開始挽起袖子拚全力學習，會是什麼結果？只要媽媽不阻止，太鉉肯定可以在大考大獲成功。

想提高學習成效，最確實的方法是成為熟練讀者。這不是只有我這位韓國閱讀教育專家宣揚的主張。培養熟練讀者是全球教育先進國家的目標，也是教育界的「國際標準」。只是我們忽視這個事實罷了。

芬蘭之所以成為全球第一的教育強國，多虧了幾乎不近人情的嚴格閱讀教育，甚至說學校就是為了閱讀存在也不為過。猶太人教育的關鍵也在於閱讀與討論。猶太人只占全球〇．二%的人口，卻占了歷屆諾貝爾受獎人的二十二%，培養出常春藤聯盟三十%的畢業生。美國成立「國家閱讀委員會」（National Reading Panel，NRP），致力於提高學生的閱讀能力；另一個教育強國日本，也做足準備效法芬蘭的閱讀教育系統。這種教育系統的關鍵只有一個，那就是該怎麼做，才能讓孩子主動閱讀？該怎麼做，才能培養出喜愛閱讀的孩子？

禁止早期教育的芬蘭

我認為最好的嬰幼兒教育，是和孩子盡情玩樂，「一天為孩子朗讀一次圖畫書」的教育。每天問孩子一聲：「要不要讀書給你聽？」並且為孩子朗讀他們想聽的書，盡可能依照他們的需求生動活潑地朗讀。過與不及都不好，只要做到這種程度即可。

每當我這麼說的時候，大多數父母總是一臉狐疑，「這個人在說什麼啊？」他們的想法是，「只做到這種程度，要怎麼在激烈的競爭教育中活下來？」這是可以想見的。四歲開始學注音，五、六歲學英文、數學，上跆拳道、鋼琴、美術補習班，是我們幼兒教育的平均現況。在這種情況下，聽到「一天為孩子朗讀一次圖畫書」的說法，自然無法接受。因為這和我們的教育現況相距甚遠。但是當我們跳脫東亞教育現況的框架時，一切就不一樣了。

芬蘭等歐洲教育先進國家的嬰幼兒沒有必須學習的東西，孩子們多數時間和朋友們一起玩。芬蘭幼稚園老師的任務是安排孩子們遊戲的時間和場所，並且確保他們玩得安全。例如冬天戶外遊戲課，老師們會先取出雪橇，讓孩子們在幼稚園後院玩耍。要滑雪橇還是堆雪人，都是孩子的自由。老師就像游泳池教練一樣保護著孩子們的安全。只要不是孩子需要幫助或發生意外的情況，老師絕對不干涉遊戲。時間一到，老師才告訴孩子們遊戲時間結束，將雪橇歸位後，回到幼稚園內。除了用餐時間、午休時間外，大多是這種活動模式：玩耍、玩耍、再玩耍。就算有利用紙張或花草製作勞作、即興表演遊戲、老師為孩子朗讀圖畫書的活動，這些也不算特別學什麼東西。如果要說學了什麼，在晴空萬里的夜晚或秋天觀察自然，或是一週一次到附近的體育館練體操，或是接受交通安全教育，勉強算是學習吧。即使回到家中，也沒有太多差別。孩子們繼續玩耍。父母在教育上要為孩子做的，只有在孩子需要的時候為他們朗讀，或是和孩子一起去圖書館。什麼時候結束朗讀書本，由孩子決定。可能在十分鐘內結束，也可能在一小時內結束。

從東亞父母的觀點來看，這些孩子和被放生沒有兩樣，因為沒有什麼東西稱得上是學習。但是深入了解後，才知道不只是不讓他們學習而已，嬰幼兒教育甚至是被禁止的。在芬蘭，已經明文禁止教未滿八歲的孩子學習文字。這裡所說的文字，不是指英文等外語，而是指母語芬蘭語的字母。不僅芬蘭如此，多數歐洲先進國家也禁止早期教育。德國的國小入學通知書上，大大寫著這樣的警告標語──「貴子弟若於入學前學習字母，可能造成教育過程中的不良影響。」立法禁止做為學習出發點的文字教育，事實上等於將嬰幼兒教育視為非法。想想我們的七歲孩子吧，不計其數的孩子不僅懂中文，還會說英文句子，甚至會加法、減法。從歐洲的觀點來看，等於整個東亞都在從事犯罪行為。

我們孩子的大腦還好嗎？

父母讓孩子進行早期教育的邏輯相當簡單，用一句話概括，就是「教越多，會越多；會越多，表現越好。」尤其英文是語言，一般人以為越小開始學越有幫助。再加上補習教育善用市場經營策略，利用「學習關鍵期」等說法助長恐懼心理，以及一般父母害怕子女輸給鄰居孩子的競爭心理，都成為早期教育堅不可破的心理基礎與理論基礎。

從短期來看，多數孩子實際上都能得到耀眼的效果。三歲孩子會讀注音，五歲孩子會自然發音法，投資就能看見成果。如果這些投資能幫助孩子在求學階段持續發揮威力，也不會對孩子造成傷害，自然沒有理由阻撓。因為效果確實顯而易見。但是問題在於實際上出現的情況正好相反。

首先，已經有大量的研究結果指出，早期教育會破壞孩子的腦部。韓國腦研究院首任院長徐維憲教授，曾經針對早期教育的危險性提出如下看法：「嬰幼兒的頭腦處於非常鬆散的狀態，腦神經迴路尚未完全發育。讓散亂的電器迴路流過強大的電流，結果便是超載。同樣的，過度的早期教育可能造成過度學習障礙、憂鬱症和情緒障礙等疾病。」

換言之，早期教育就像開著一臺尚未組裝完成的汽車，在高速公路上奔馳。不只有徐維憲教授這樣主張，已經在大量研究中獲得證明，這也是全球腦科學界視為真理的主流理論。腦科學一再強調，「嬰幼兒期並非學習的時期。」

據說人類頭腦大致分成三個層次，這項理論稱為三腦理論（Triune Brain Theory），是由美國神經學家保羅．麥克萊恩（Paul D. MacLean）於一九五〇年代首次提出。第一層腦是位於頭腦最深處的腦幹，這個部分稱為「生存腦」（survival brain）或「爬蟲類腦」（reptilian brain），負責心臟跳動或呼吸等最基本的生命活動。出生時，腦幹在母體內已經生長到幾乎成熟的狀態。第二層腦是包覆腦幹的大腦邊緣系統（limbic system），這個部分稱為「哺乳類腦」（limbic brain），負責喜悅、悲傷、憤怒、恐懼等情緒，以及好惡、短期記憶，集中發展於出生後至六歲之間。第三層腦是大腦皮質，稱為「理性腦」（thinking brain），負責智力、思考、語言等活動。理性腦從零歲開始發育，直到七歲才達到一定程度的成熟。整個過程重新整理如下：人出生時，頭腦已經具備維持生命所需的基本能力；到六歲以前，集中發展情緒、情感能力；七歲以後完備應用於學習的基本能力。

嬰幼兒期是發展情緒與情感非常重要的時期，同時也是尚未準備好學習的時期。讓孩子在這個階段學習，正如同開著一臺尚未組裝完成的汽車，奔馳在高速公路上。想想會發生什麼事？車子有輪子也有引擎，可以慢慢地開，就像三歲孩子能看懂一些字，也能記住字母。父母們因此誤以為自己的孩子比其他孩子走得更前面。但是於此同時，孩子的腦中正發生完全相反的事。使用未準備好的智力，是相當痛苦的。這時孩子的腦中會釋放出名為「皮質醇」

（cortisol）的壓力物質，阻礙腦部記憶中心海馬迴的成長。嬰幼兒期的學習非但無助腦部的發育，反倒阻礙了腦部的發展。

若持續施加強大的學習壓力，將對孩子的腦部造成不可逆轉的傷害。其實有不少的英文天才、閱讀天才，本身帶有後天的自閉症狀。許多教育圖書和研究報告、紀錄片，都曾指出這個令人震驚的事實：高強度的早期教育造成後天自閉症狀的孩子，不願與同儕往來，無法克制自身情緒，無力且不願離開自己的世界。快則四、五歲，慢則國小高年級，就會出現相關症狀。當症狀出現後，別說是學習，就連日常生活也會深受影響。專家對此現象的解釋永遠口徑一致：「這是因為小時候累積過度的學習壓力，造成了大腦邊緣系統的損害。」透過腦部斷層掃瞄，即可親眼見證這個事實。然而更嚴重的問題，在於部分父母對於子女後天自閉症狀的態度。他們誤以為子女身上出現的後天自閉症狀與學者症候群（Savant syndrome）[10]有關，相信孩子正處於邁向天才的過程。

也並非降低孩子的學習強度，就不會發生問題。比後天自閉症狀更輕微一些的症狀，稱

10. 指溝通能力等腦功能出現障礙，不過特定部位能發揮如心算等優異能力的症候群。

為「閱讀早慧」（Hyperlexia，又稱高讀症），是更多孩子正面臨的問題。有閱讀早慧症狀的孩子，擁有高超的文字閱讀能力，但是掌握文字意義的能力卻極端低落。他們能夠流利出聲朗讀《三隻小豬》，但是不知道自己讀過的內容是什麼。這是極端的閱讀能力低落、閱讀障礙的狀態。越來越多孩子因為閱讀早慧而找上兒童精神科或學習治療中心，專家們分析其原因主要有三種：過度的早期文字教育、習慣性收看電視、頻繁使用智慧型手機。全球最頻繁出現上述三種行為的孩子，就是韓國的幼兒。因為這樣，找上兒童精神科解決閱讀早慧問題的患者正日益增加。

如果再降低學習強度呢？不要造成孩子後天自閉症狀或閱讀早慧的程度，就不會有問題了嗎？事實上，比起有後天自閉症狀或閱讀早慧的孩子，沒有直接症狀的孩子更多。不少家長說自己沒讓孩子學太多，並以此為傲；也有人認為子女接受的私人教育是以遊戲為主，不會有什麼問題。然而事實並非如此。越來越多孩子找上學習治療中心，主要症狀是缺乏學習動力和低落的語言能力。孩子雖然在書桌前坐下來了，但是實際上毫無學習效果。教科書讀不懂的情況也不少。這些孩子們的症狀並非疾病，只是莫名缺乏動力，而更多沒有找上學習治療中心的孩子，也出現類似的症狀，只是輕重有所不同而已。雖然聽了私人教育老師的解說，也唸了書，但是表現出的態度卻相當消極。他們無法明確區分自己知道什麼、不會什麼，也無法憑一己之力安排學習計畫，閱讀理解教科書的能力也相對低落。

「一會說話就學韓文的孩子，常有討厭書本的狀況。他們一看到文字就滿臉厭惡。」這句話出自KBS紀錄片《手不釋卷的大韓民國：閱讀革命》中，一位學習治療專家的發現。他明白告訴我們韓國閱讀教育為什麼無法成功，公立教育又為什麼落後到即將崩潰的邊緣。在嬰幼兒期給予孩子早期教育，或許會覺得孩子變得更聰明，但是那不過是錯覺。孩子最終將喪失學習的動力，差別只在於問題爆發在國小高年級，還是爆發在國中生階段。屆時他們將開始討厭閱讀理解，又因為討厭閱讀理解而越來越不擅長。要求他們學習時，他們只會呆呆地看著補習班講師。熱情和成就感都屬於情感，情感來自於大腦邊緣系統。大腦邊緣系統失能的孩子，一點也感受不到熱情和成就感。這正是教育先進國家禁止早期文字教育，也是他們認為嬰幼兒期的學習相當糟糕的原因。

感受他人與自我內心的十五分鐘

《朗讀手冊：大聲為孩子讀書吧！》（*The Read-Aloud Handbook*）作者暨美國著名閱讀教育專家吉姆．崔利斯（Jim Trelease）主張，朗讀將為孩子的學習能力帶來巨大影響。

「多數人一開始不相信我說的話，他們不相信的原因有三個。第一，因為這個太簡單，稱不上是祕訣；第二，太不花錢；第三，孩子也喜歡。」

為嬰幼兒朗讀圖畫書的效果超乎想像，都說百聞不如一見，以下就親眼見證朗讀圖畫書的過程吧。

想像孩子拿著想看的書，搖搖晃晃跑來。讓孩子坐在膝蓋上後，爸爸（或媽媽）開始翻開書本。假設孩子選的書是《小毛，不可以！》（*No, David!*）。內容講的是調皮鬼小毛闖下各種大禍，遭到媽媽痛罵。

爸爸先給孩子看圖畫書的封面，那是一個男孩打翻桌上魚缸的畫面。爸爸大聲讀出書名。

「小毛，不可以！」

孩子縮了一下身體。「不可以！」是平時爸爸媽媽常對孩子說的話，但是孩子並沒有感到害怕。因為父母朗讀的聲音較為誇張、俏皮，而且被罵的人是小毛，不是孩子自己。孩子不是嘻嘻笑著，就是跟著一起教訓小毛，「小毛，不可以！你為什麼要那樣做？」雖然自己也常常被罵，但是至少在這一刻，他可以像爸爸媽媽一樣教訓小毛。

「小毛的心情怎麼樣？」爸爸問道。

「應該會很難過，因為被罵了。」

孩子一邊想起自己被罵的時候，一邊回答。孩子雖然站在爸爸、媽媽的立場教訓小毛，卻能體會主角的心情。

「可是爸爸、媽媽為什麼要罵小毛？」

「因為他做了讓人討厭的事。」

孩子也理解了父母的立場。要是小毛乖乖聽話最好，然而書中全都是小毛調皮搗蛋而被父母責罵的場景。小毛被罵的原因，和孩子平常被罵的原因沒有兩樣。孩子不知不覺著急了起來，如果小毛繼續那樣調皮搗蛋，真的變成了被討厭的孩子，那該怎麼辦？他甚至默默擔心起小毛來。

「寶貝呀，過來這裡。」

爸爸用溫柔的聲音朗讀最後一段。

「是呀，小毛。在這個世界上，爸爸最愛小毛了。」

圖畫書中，媽媽抱著小毛。朗讀圖畫書的爸爸，也緊緊抱住孩子。孩子嘿嘿笑著。

「我也愛你。」

就算從實例來看，似乎也沒什麼了不起吧？然而正是這微不足道的行為，能幫助孩子大幅成長。首先，朗讀圖畫書是刺激孩子大腦邊緣系統最有效的方法。正如發育期最重要的是多吃多睡，在大腦邊習系統發育的階段，最重要的是多從事能促進大腦邊緣系統發展的活動，例如以關愛的眼神凝視孩子、親密的接觸和對話、陪同遊戲等，而朗讀圖畫書則涵蓋了所有刺激大腦邊緣系統的行為。孩子躺在父母的懷裡閱讀，從父母誇張的演技中感受各式各樣的情緒，甚至化身演員一起演戲。這個基本機制能帶給孩子滿滿的幸福，因為他們的身體可以真實感受到父母的關愛；而在被愛、被體諒、被關心的幸福感中，孩子又能體會故事中人物的感受。這也不是坐著聽就能體會的，而是需要真正化身為書中人物，在演戲中深刻感受。演戲不僅是積極理解他人內心的經驗，同時也是表達自我內心的行為。透過這個過程，孩子能更深入理解他人的內心，表達能力也將大幅提高。

孩子不會一本圖畫書只讀一次，覺得有趣的圖畫書總會一讀再讀。反覆閱讀同一本書後，父母將會發現自己每次都用不同的方式朗讀。某天可能用書中的圖畫玩簡單的問答遊戲或尋寶遊戲，也可能讀到一半開始和孩子聊天。孩子在這個過程中，將可提高思考能力、觀察能力、語彙能力及創意能力，故事的結構也將深深烙印在孩子心中。更重要的一點是，這一切成長效果都在開心快樂的氣氛下獲得。父母越常朗讀書本給孩子聽，孩子越喜歡書本，因為書本代表著他們和爸爸、媽媽曾經有過的幸福回憶，也是充滿有趣故事的好玩遊戲。

芬蘭等教育先進國家的孩子，帶著如此喜愛書本的態度進入校園生活。表面看來，他們似乎落後東亞的孩子一大截。這時，我們的孩子不只會認字，還能讀寫英文字母，會加法減法，並且大量閱讀知識百科，知道的更多。但是芬蘭的孩子連芬蘭文字母都不會，不懂加法減法，什麼都不知道。如果要說他們有什麼優點，大概只有喜歡書本這點。我們的孩子光是上學讀書還不夠，放學後還要上無數的補習班，除了學習還是學習。芬蘭的孩子即使進了學校，也不學習課業，而是學習「書本」的知識。在芬蘭的學校課程中，還有圖書館員授課的書本課程。他們為孩子朗讀書本，教導他們選擇好書的方法，以及如何有趣地閱讀一本書。向圖書館館員學習閱讀方法，正是學校課程的一環。老師出完作業後，帶孩子們去圖書館，讓孩子們自行搜尋相關書籍或雜誌、報紙，並且閱讀。接著再以閱讀的內容為基礎，進行發表討論。大部分的課程都是用這種方式進行。閱讀就是課程，課程就是閱讀。芬蘭著名的教育哲學是「教得越少，學得越多」（Teach Less, Learn More.），正是以這種方式實踐。

我們的孩子上補習班背英文單字、上數學先修班的時候，芬蘭的孩子在學校閱讀。但是每讀一本書，孩子的語言能力就更加前進一大步。芬蘭雖然以學校不考試聞名，但是有一個測驗一定如期舉行，那就是「閱讀能力評量」。芬蘭會定期評量學生閱讀理解的能力，對於閱讀能力低落的孩子，則另外提供課程以提升閱讀能力。用我的說法來形容，就是透過語言能力測驗評估學習力，也就是利用國家的力量將「學習力」制度化。

芬蘭的孩子利用這種方式養成學習金頭腦，並利用學習金頭腦在沒有作業和私人教育的環境下學習。我們的孩子在嬰幼兒期已經學了注音和英文字母，升上高中依然脫離不了英文、數學的束縛。反之，芬蘭的孩子在嬰幼兒期不懂英文字母，卻在升上高中後，能夠流利使用三到四個外語，並且在所有科目達到全球最高水準的學業表現。他們的學習時間，不過是東亞學生的三分之一而已。學校畢業後，他們依然繼續維持閱讀習慣，成就了閱讀能力全球最強，並且以五百萬的小規模人口達到國家競爭力排行全球前十名的芬蘭[11]。

我們在意的是「孩子懂得多少」，而芬蘭在意的是「孩子是否擅長閱讀」。因為**只要成為熟練讀者，就能以優異的閱讀能力自主學習並獲取知識**。而引導孩子成為熟練讀者的第一步，就從嬰幼兒期「每天為孩子朗讀一本圖畫書」開始。

11. 出自二〇一八年的全球競爭力報告。

早期教育對大腦的影響

早期教育熱潮依據的理論，是「腦部發育到三歲結束」。意思是三歲以前是腦部活躍成長的時期，能像海綿一樣吸收知識，甚至也決定未來是否成為天才。這項理論於一九八〇年代提出，隨著腦部科學的發展而被揚棄。實際教育現場的真實案例與今日腦部科學的主張相當明確——七歲以前的教育弊大於利。

早期教育

七歲以前未發育完全的腦

七歲以前是大腦邊緣系統活躍成長的階段，孩子的腦還沒做好學習的準備。

壓力荷爾蒙的分泌

在腦部未發育完全的狀態下學習，人腦將會分泌名為「皮質醇」的荷爾蒙。皮質醇將阻礙孩子腦部的正常發育。

阻礙腦部發育

學習強度越強，時間持續越久，越會造成腦部致命的傷害。

學習壓力引發的各種症狀

語言能力低落

從小接受早期教育、私人教育的孩子當中，多數人深受語言能力低落的困擾。閱讀理解教科書的能力較低，導致他們討厭學習。

學習倦怠

從幼兒期開始學習的孩子當中，多數人對學習提不起一絲興趣。面對學習，他們就像置身事外的局外人一樣。

閱讀早慧

經常出現於嬰兒期接受認字教育的孩子，他們可以直接唸出文字，卻無法掌握字義。

後天自閉症狀

常見於幼年期長時間接受高強度學習的情況。曾接受嚴苛訓練的英文天才、閱讀天才當中，多數人受此症狀所苦。

第六課

培養孩子親近書本的閱讀法

適用年齡：嬰幼兒期

嬰幼兒的閱讀指導主要有兩個目標，一個是讓孩子親近書本，另一個是熟悉故事的結構。只要達成這兩個目標，自然能建立理解能力、語彙能力與表達能力。要完成這兩個目標，最簡單的方法是「在孩子需要時，開心為孩子朗讀」。千萬不可以朗讀到孩子完全累倒，或是偏重讀後活動。閱讀的主導權也必須完全交給孩子，孩子想讀什麼書，想讀到哪裡，父母都必須照辦。這才是嬰幼兒期最好的教育。

引導孩子閱讀的原則

「要唸書給你聽嗎？」	孩子需要的時候，一定要為孩子朗讀。那時正是閱讀效果最大的「黃金時間」。孩子不想讀書的時候，可以詢問孩子：「要唸書給你聽嗎？」
讓孩子挑選想讀的書	書本的選擇權完全在孩子手上，不可由父母挑選！千萬不可以考慮學習效果而為孩子朗讀知識類圖書，或是按照順序朗讀名著全集，又或是告訴孩子「這本書讀太多次了，今天換讀新的書吧」。
為孩子朗讀	盡可能誇張且生動地朗讀。若是爸爸、媽媽並不投入朗讀，孩子立刻就會發現。
讀到孩子喊停	在孩子喊停或注意力降低時，立刻停止朗讀。如果在這個狀態下繼續朗讀，閱讀對孩子就再也不是有趣的遊戲，而是備感壓力的事情。此時朗讀再多也不會有效果，所以不必猶豫，立刻停下來。

去圖書館借書或買書回家

常和孩子一起去圖書館借書。**其中孩子覺得有趣的書，不妨買來放在家中。**

每天為孩子朗讀

十分鐘或一小時都好，在孩子需要時隨時朗讀。**如果孩子每次選的都是同一本書，也請以快樂的心情朗讀再朗讀。因為沒有任何閱讀法要比反覆閱讀的效果更好。**

第七章
是什麼阻礙孩子獨立閱讀？

最常見的閱讀指導失敗原因

「小時候真的給孩子讀很多圖畫書，但是到了國小二、三年級，孩子就不讀書了。」幾次演講下來，我經常聽到類似的煩惱。其實我們孩子小時候的閱讀量並不少，也有許多孩子接受良好的閱讀教育。這是因為許多父母懂得涉獵閱讀教育理論相關書籍，吸收最佳的教育方法，並且充滿熱情地為孩子朗讀圖畫書。但是奇怪的是，多數孩子長大後卻與書本漸行漸遠，到了青少年階段便完全和書本絕緣。

閱讀教育為什麼難以成功？以下將藉由幾個閱讀指導的經典失敗案例，來探討其原因。

在我還是菜鳥講師的年代，曾經接到一位家長的邀請，要我私下為孩子進行閱讀評估。

家長要的不是補習班制式的課程，而是針對孩子客製化的課程，算是家長委託我進行的個人閱讀家教。因為是第一次私下接到委託，再加上又是我指導過的學生家長居中牽線，於是我決定先和家長面談。

在面談前，我先參觀孩子的房間。其中一面牆壁是書牆，上面擺著康德的《純粹理性批判》（*Kritik der reinen Vernunft*）、馬克思的《資本論》（*Das Kapital*）、盧梭的《民約論》（*Du Contrat Social*）、馬基維利的《君主論》（*Il Principe*）……，不論書名上有沒有「寫給孩子看的」副標，總之滿滿都是孩子無法理解的書。翻開這些書，只有中間部分幾頁留下摺痕，前面和後面全都潔白如新。這個孩子肯定不是從頭開始讀到尾，而是攤開書本中間幾頁，接著又闔上。或許是為了欺騙父母，才製造讀過書的假像吧。

「到去年為止，我家孩子還很喜歡看書。我從他小時候開始，可以說徹底執行了閱讀教育。但是升上六年級以後，國文成績沒有一點起色。照理說讀了很多書，國文成績應該要考得不錯不是嗎？我不知道問題到底出在哪裡。」

我問這位母親，孩子從什麼時候開始閱讀知識類圖書。答案是從學齡前開始。雖然偶爾也為孩子讀故事書，但是孩子主要讀的還是科學或社會、歷史全集。我把觀察到的孩子的閱讀情況告訴這位母親，說孩子雖然攤開了書，但是實際上並沒有閱讀。我也建議她，就算現在開始也不晚，趕快讓孩子讀他覺得有趣的故事書吧。

「老師，不是那樣的。我家孩子很喜歡知識書，每次讀完科學書，還會跟我聊上一陣子。我是不知道現在怎麼了，但是到去年為止，他真的很喜歡閱讀。而且故事書哪會有什麼幫助，它和學業完全沒關係不是嘛！」

最後這位母親不同意我的意見，個人閱讀指導也就沒有下文。

這些閱讀指導失敗的案例，大多有類似的傾向。第一，年級越大，閱讀量越少。通常是學齡前開始閱讀，在國小低年級階段閱讀量最多，升上高年級開始減少。到了青少年階段，可以說閱讀量幾乎等於零。第二，速讀的孩子相當多。雖然坐在書桌前說要閱讀，實際上只是瀏覽書本。國小高年級的這種傾向越強。第三，孩子閱讀的書大多由父母選擇。孩子沒道理選擇《純粹理性批判》、《民約論》這種書籍吧？第四，許多閱讀指導的終點止於知識類漫畫。

原因很清楚，父母和孩子都把閱讀當做「知識的累積」。孩子每天在學校、補習班學習知識，可是考試不會考的知識，又有誰願意學習呢？

閱讀是培養學習力的絕佳管道，但是一旦從知識累積的觀點來看閱讀，閱讀指導必將失敗。請放下想把所有知識塞進孩子腦中的執念吧。閱讀指導的出發點在於把閱讀當做「快樂的遊戲」。累積「閱讀理解文章的經驗」，才是最重要的。

像作業一樣的大全集、殺死好奇心的知識類漫畫

圖畫書是嬰幼兒可以和爸爸、媽媽一起玩的玩具，書中充滿色彩鮮明和有趣的圖畫，敘述也非常簡短。雖然他們還聽不太懂語言，不過可以從父母聲音中的情緒感受書的內容。孩子們有時咯咯地笑，有時用小手指著圖畫。不必任何人教，父母天生就知道如何用最棒的方法讀圖畫書給孩子聽。

然而如此效果驚人的閱讀，正陷入危機之中。這個危機以上門販售韓文教材的銷售員形式出現，或是以鄰居父母的形象現身。

「您家中應該有民間故事全集吧？」

「這個年齡讀科學全集是最基本的閱讀。」

「這次某某出版社出的韓國史全集真不錯，別說孩子有多喜歡了，每次都要讀上五、六本才過癮。」

聽到這些話，所有父母都會陷入「我家小孩要輸別人了」的恐懼中，於是開始一套兩套地買各個年齡層該讀的全集。民間故事全集、世界名著全集、韓國史全集、世界史全集、科學全集、數學全集、偉人全集、漢字全集……，種類和規模都相當驚人。

如果說這些全集非讀不可，那麼韓國以外國家的孩子，早就落後韓國孩子一大截了。因為嬰幼兒專用的全集只有韓國才有，是韓國特有的類型書籍。

全集可謂撐起韓國兒童讀物界的熱銷商品。圖畫書的製作單價較高，在一九七〇年代的韓國，幾乎沒有人認為朗讀圖畫書給孩子聽是重要的。由於製作單價高，又沒有消費者，這項文化產業自然無法扎根。此時如救世主般出現的，正是全集。由於大量印刷，每本書的製作費用降低，加上兒童讀物銷售員直接走入一般家庭裡，擔當傳播閱讀重要性的角色，才逐漸形成今日巨大的童書市場。多虧於此，《哆基朴的天空》、《白雲麵包》等優秀的圖畫書也才得以面市。

問題是全集的市場行銷策略，將閱讀變成了學習。全集銷售員總強調各個年齡層有非讀不可的書、非了解不可的知識，「像是民間故事全集、世界名著全集、國內創作全集、國外創作全集、科學全集、歷史全集、社會全集、數學全集，這些全集如果沒有在適當的時機給孩子讀，孩子的學習競爭力就跟不上別人。」當父母被這種說法說服的瞬間，便陷入「閱讀＝學習」的框架中。本該是遊戲的閱讀，變成了學習。

世界知名教育學家暨心理學家米哈里・契克森米哈賴（Mihaly Csikszentmihalyi），在《專注的快樂：我們如何投入地活》（*Finding Flow: The Passion of Engagement with Everyday Life*）中指出，遊戲和工作在本質上具有相同的機制，即兩者皆有必須執行的課題，也有明確的目標。我們無法專注於工作的原因，在於無法像玩遊戲一樣執行工作。進行遊戲是主動的，而執行工作大多是被動的。當工作的範圍和目的由他人所決定時，或者不得不同意工作的範圍與目的時，工作便成為一件痛苦且令人厭倦的事情，人們當然不可能沉迷於工作。

閱讀也是同樣的道理。全集一般多達三十到五十本，父母一次將三十到五十本書塞進書櫃裡，從不管孩子是否有興趣。這些書既然買了，就必須全部讀完。孩子的興趣和選擇權被排除，導致孩子認為閱讀只是「被動讀完指定讀物的行為」。在書櫃上占據一角的全集，對父母和孩子而言，都是不得不解決的心理負擔。

「你這個年紀就要學好科學，這樣去學校才會學得好。」

這種話不可能打動孩子的心。然而孩子之所以忍著繼續閱讀，都是為了迎合父母的期望。孩子渴望得到父母的關愛和稱讚，這種心情推動他們繼續被動地閱讀。閱讀全集就像應付學校的課業，在學校一整年要讀的教科書，從沒經過孩子的同意就決定好，課本的內容也塞滿了孩子在該年齡必須熟記的知識——全集也是如此。

許多父母會說：「我家孩子真的很喜歡讀全集。」其實在學齡前兒童當中，也有不少人喜歡讀全集。但是以全集為基礎的閱讀，無法持之以恆。閱讀全集本質上帶有學習的特性，所以當孩子到了學習正式開始的國小中年級，便漸漸放掉閱讀。因為在學校和補習班已經充分學習了，他們認為沒必要再繼續閱讀。被迫一再學習，只會讓人感到委屈。

孩子們認為故事書雖然有趣，但是沒有知識，所以沒必要讀。再說身邊還有更多比故事書有趣的東西，沒必要拿故事書來打發休閒時間。父母強迫閱讀全集的時候，趕緊用速讀帶過。就算父母沒有強迫，孩子也會讀全集，因為這個行為可以逃避父母的嘮叨，表現好還可以獲得稱讚。但是實際上孩子已經進入不閱讀的狀態了。

父母也是一樣。年級越高，孩子越不喜歡閱讀，父母進行閱讀指導越加困難。要讓孩子讀故事書，似乎學不到知識；要讓孩子讀知識類圖書，孩子又強烈抗拒。好不容易逼孩子讀了，孩子似乎無法完全理解內容，也記不住什麼知識。所以父母選擇的替代方案，便是知識類漫畫。從「閱讀＝學習」的觀點來看，知識類漫畫似乎要比知識類圖書好得多。孩子一方面讀得津津有味，讀完後又能朗朗上口幾個專有名詞。父母還會覺得孩子好像變聰明了。

想讓孩子閱讀的父母和討厭閱讀的孩子、想賣書的出版社，這三方角力的產物便是「知識類漫畫」。我認為孩子一旦沉迷於閱讀知識類漫畫，他成為閱讀人的人生將宣告結束。知識類漫畫只讓孩子學到皮毛，卻讓他們誤以為學到了不起的知識。「我什麼都會」的自大心理，開始占據孩子的內心，這也代表好奇心就此消失。好奇心消失，自然沒有找知識類圖書來看的道理。況且如果孩子沉迷於以圖畫為主的知識類漫畫，日後將對閱讀文字感到吃力、麻煩。好奇心消失，閱讀文字又吃力，這代表什麼?代表孩子的閱讀人生就此結束。

並非所有閱讀教育失敗的案例，都是遵循上述的路徑。但是大多不脫這樣的原理。閱讀教育的終極目的，在於培養孩子成為一位閱讀人，或說培養出愛書、嗜書的人。要達到這個目標，必須遵守兩個閱讀生活的大原則。

第一個大原則是「樂趣」。無論孩子是國小生還是青少年，請先放下書本可以對孩子的知識帶來多少影響的期待。一旦出現這種特定的目標，閱讀將逐漸趨近學校學習。當閱讀與學業沒有兩樣時，閱讀教育終將走上失敗的道路。好玩有趣的閱讀才是最重要的，父母必須讓孩子依照自己的興趣閱讀才行。

第二個大原則是「以閱讀為優先」。面對孩子的教育，必須將閱讀擺在第一順位。許多人認為語言要從小開始學，但是即使從幼兒期開始上英文補習班，孩子也不會練就母語者的程度。反正英文是外語，不可能像韓語一樣自然而然學會，孩子最後還是得學。只要擁有平均水準以上的學習金頭腦，就算從國小高年級、國中再開始學，也不算太晚。數學也是如此。不必非得送孩子上補習班，浪費時間、金錢和精力。如果真的擔心孩子，只要買本符合孩子年級的測驗卷來寫，就已足夠。

請多和孩子一起去圖書館。在圖書館看書也好，借回家看也好。挑選書本時，請放下要讓孩子學習的想法，只要想孩子會覺得哪些書有趣。孩子也挑書，父母也挑書，接著父母再把挑好的書給孩子看。

「這本書好像很有趣，你覺得呢？」

離開圖書館時，只帶走孩子覺得不錯的書和孩子挑選的書，用這些書做為一週的閱讀量。在為孩子朗讀書本的過程中，父母將會發現孩子特別喜歡某些類型的書。請買下這些書吧，這個投資絕對划算。因為孩子肯定會一再讀這本書，讀到書皮破破爛爛的。

獨立閱讀第一步：大量閱讀簡單的書籍

前面曾經說過，孩子在國小期間會經歷三次的閱讀危機。第一次閱讀危機是從圖畫書進入圖文書時，第二次閱讀危機是從簡單的圖文書進入中級圖文書時，第三次閱讀危機是從中級圖文書進入高級圖文書時。**其中最嚴峻的時期，正是從圖畫書進入圖文書的第一次閱讀危機**。大量閱讀簡單的圖文書，即可掌握中級圖文書；大量閱讀中級圖文書，即可掌握高級圖文書。但是圖畫書讀得再多，也不保證能讀懂簡單的圖文書。因為圖畫書和圖文書是完全不同類型的書。

首先從書本尺寸就可以看出差異。國小二、三年級讀的圖文書尺寸比圖畫書小，文字量較多，也不是每一頁都印有圖畫。如果孩子能順利進入自主閱讀的獨立閱讀階段，那還算幸運，如果進入不了，父母可要頭痛了。通常國小二、三年級孩子應該要能獨立閱讀，但是無法獨立閱讀的孩子依然要求父母朗讀。這時若是要求孩子自己閱讀，孩子通常只會翻幾頁便把書丟在一旁。父母不得已為孩子朗讀的同時，心裡卻放心不下。他們擔心子女會輸其他獨立閱讀的孩子一截，更擔心這樣下去，會不會要為孩子朗讀到國小四、五年級。父母們不知道什麼時候，又該如何讓孩子獨立閱讀才好。

想成功讓孩子獨立閱讀，首要任務是把握國小一年級階段。家有國小一年級子女的家長，通常直接讓孩子閱讀圖文書。因為他們認為圖畫書是學齡前兒童讀的書，而圖文書是國小生讀的書。其實這個觀念本身並沒有錯，只是必須考慮到國小一年級生如今才要開始獨立閱讀這點。這些孩子尚未將閱讀的基本機制內化，換言之，他們仍無法順利閱讀文字這樣的符號，更遑論掌握符號代表的字義後，再連結單字以了解整個句子的意思。在這種狀態下，如果書本內容又較長，孩子肯定加倍痛苦，閱讀自然成為折磨人的事。

在這個階段，先讓孩子大量閱讀一直以來接觸的圖畫書，反倒可能更有效果。無論是已經為孩子讀過許多遍，孩子都能朗朗上口的圖畫書，還是國小一年級生讀來篇幅稍短的書，都沒有問題。只要可以減少孩子閱讀理解文字時的負擔，維持孩子適當的閱讀量，什麼類型的書都好。

每個孩子的情況可能不同，不過獨立閱讀的時間大致以一天三十分鐘到一小時較為恰當。如此閱讀一到兩個月後，孩子將可自動啟動閱讀機制，也將能順利閱讀小一程度的圖文書。儘管如此，也不代表立刻進入圖文書就是好的。在圖畫書閱讀階段累積足夠的閱讀量，才是更有效的方法。因為能流利閱讀每一本書，有助於培養對閱讀的好感和信心，而在閱讀圖畫書時累積的穩固基礎（語彙能力提高、背景知識增加），也有助於未來持續發展閱讀。

國小一年級是將閱讀機制內化的時期，在這個時期最重要的，是在訓練自主閱讀的過程中，讓孩子將「聲音解析→意義解析→意義連結→二次意義連結」的過程整合為一。閱讀篇幅較長、厚度較厚的書籍，並不符合這個目的。透過易於親近的輕薄圖畫書累積充足的閱讀量，才是最好的辦法。「如果孩子以後只想讀圖畫書，那該怎麼辦？」其實只要圖畫書閱讀量累積到一定的程度，自然而然會進入圖文書，父母大可放心。

如果孩子已經升上國小二、三年級，卻還無法順利閱讀圖文書，這時最有效的方法，便是前面所說的「朗讀開頭」。這也是教學充滿熱忱的老師經常使用的方法。在每天課程開始前，利用十到二十分鐘為學生朗讀書本。不管故事有沒有說完，只要規定的時間一到，立刻結束朗讀。隔天再選其他本書，朗讀十到二十分鐘。像這樣每天朗讀書前的一部分，就能為國小低年級教室帶來驚人的變化——越來越多孩子利用下課時間閱讀，或者吵著要父母買書。在日本興起的「晨讀十分鐘」運動，也是相同的道理。每天早上閱讀十分鐘，最終孩子一天不會只讀十分鐘。因為朗讀完十分鐘後，孩子開始對後面的故事感到好奇，自然而然在休息時間也不肯放下書本。

或許每個孩子的情況不同，不過一般而言，為孩子朗讀開頭的時期並不會太長。少則三到四本，多則十本左右。朗讀完這些書的開頭，孩子將在某一刻起主動閱讀。孩子們不太能閱讀圖文書的原因，在於自己閱讀時，覺得圖文書的分量太多、內容太難。但是自己讀完後半部後，他們將會發現書本分量沒有想像的多，內容也並不難。從此以後，他們不再覺得國小二、三年級程度的圖文書遙不可及。一旦熟悉了這些書籍，孩子們也將開始自行閱讀。

孩子速讀為什麼不好？

孩子開始流利閱讀國小二、三年級程度的圖文書後，可以說獨立閱讀的訓練已經結束。

現在開始面臨的唯一課題，便是持之以恆的閱讀。大量閱讀雖然好，不過一週只要閱讀一到兩本，就能充分看見效果。一週閱讀一本，一年即可閱讀五十二本，這樣的讀書量並不算少。

問題是閱讀這五十二本書的方法。閱讀品質高的孩子，能藉由這五十二本書培養出高於自身年齡的語言能力；閱讀品質低的孩子，即使讀完五十二本，甚至一百本、兩百本，也沒有太大的效果。這正是閱讀習慣為何重要的原因。在開始獨立閱讀的孩子中，許多人因為閱讀習慣不佳而造成閱讀白費力氣，這些不良的閱讀習慣九十九%在於「速讀」。在孩子開始獨立閱讀後，能否有效防止孩子速讀，成為決定閱讀指導成敗的關鍵。孩子們容易受速讀影響，而一旦習慣速讀，日後將難以改正。

曾經有一段時間速讀大受歡迎，被認為是天才的閱讀法。起初是某個「閱讀天才」出現在綜藝節目上，展現近乎神奇的速讀技巧，從此開啟了速讀的盛況。據說某些天才能像拍照一樣快速閱讀，稱為「影像記憶」（photographic memory）。這些人具有優異的認知能力，只花幾秒就能讀完一頁，甚至能記住哪一行出現哪一句話。這種天才般的認知能力可以透過後天開發的說法，不僅是速讀神話的核心，也是渴望成為閱讀天才的多數人的目標。他們想的是，「要是可以在十分鐘內讀完三百頁的書，並把內容全部背下來，那學習肯定會變得更簡單、更容易吧！」

真的是那樣嗎？雖然沒有確切的統計數據或研究結果，不過我身為閱讀教育專家，敢保證透過速讀成為閱讀天才的人當中，幾乎沒有人在大考或社會生活中取得令人刮目相看的成就。因為就運作原理或實證的角度來看，怎麼樣都找不到學會速讀就能擅長學習的證據，反倒是速讀百害無一利的證據俯拾皆是。

聽到天才，我們常以為他們是比一般人更優秀突出的人。能夠瞬間心算超級複雜的算式，或是短短幾秒內讀完一頁書的人，總給人腦袋特別聰明的感覺。不過很抱歉，沒有任何統計數據可以證明這類天才比頭腦普通的人更有成就。

諾貝爾獎獲獎人的平均ＩＱ是一二七；號稱「天才中的天才」的諾貝爾物理獎得主理查·費曼（Richard P. Feynman），ＩＱ不過一二六；發現ＤＮＡ雙螺旋結構的詹姆斯·華生（James Watson），ＩＱ為一二四。考慮到腦部的神經可塑性，十到二十的ＩＱ應該看做是在閱讀研究的過程中形成的。換言之，在學問上獲得重要成就的人，大多數是天生ＩＱ一百左右的平凡人。在國際領袖中，也很難找到智能近乎神一般的人，更別說能在幾秒內讀完一頁書的人了。

這是理所當然的。能在幾秒內讀完一頁書的能力固然神奇，但是從閱讀的效果方面來看，那必然是品質低落的閱讀。書本是思維的體現，書中乘載著作家縝密的思維。讀者面對書中乘載的思維，時而馳騁想像，時而理解，時而帶入自己的想法。這樣的過程越是深刻，想像與情緒越豐富，讀者的成長也越顯著。如果只花幾秒讀完一頁書，將無法刺激這種知識與情緒的反應。不但無法思考或領悟某些想法，也無法同理故事中人物的情緒。大腦雖然能以光速處理訊息，情感與思維、觀察卻無法以光速處理，而是需要時間的沉澱。我認為這正是具備特殊認知能力的速讀者，無法得到與其才能相應的巨大成功的原因。書是使人成長的工具，而具有「影像記憶」能力的天才難以藉由書本成長，因為天賦異稟的能力，反倒使他們養成不良的閱讀習慣。換言之，速讀能力既是他們天賦的才能，也是致命的缺點與副作用。學會速讀，等於擁有這些速讀天才的缺點。

孩子之所以養成速讀的習慣，原因主要有三個。第一，不得不讀無趣的書。無論是父母強迫還是補習班要求，當孩子必須不斷閱讀自己一點也不想讀的無聊的書時，閱讀的速度將越來越快。孩子覺得這本書無聊，代表對這本書毫無興趣。面對自己毫無興趣的書，還能一句一句讀下去，世界上應該不存在這種人。不喜歡卻非做不可，結果自然是想盡辦法快點結束。第二，孩子已經投入許多時間在私人教育，卻還得閱讀。孩子們週一到週五時間被補習班塞得滿滿的，如果又要求他們閱讀，他們肯定會想辦法逃避。為了騰出玩耍的時間，只好縮短閱讀的時間，所以他們才會選擇速讀。第三，想炫耀速讀的能力。他們將速讀看做是一項能力，相信閱讀速度越快，頭腦越聰明。一旦孩子認定速讀百利無一害，自然會用盡一切力量加快閱讀速度。

速讀就像只動屁股、不動手臂的伏地挺身，看似運動，其實並非運動。當然，我在讀產品使用說明書、單純報導事實的新聞，或者瀏覽電視新聞標題時，也採用速讀的方式。速讀不過是在機械式地快速吸收資訊時，可以使用的雕蟲小技。部分強調速讀效果的閱讀教育專家，甚至也區分出適合速讀的書和不適合速讀的書。適合速讀的書不必一字一句的讀，如此便可減少時間的浪費。

請給孩子充分的時間閱讀，並請告訴孩子：「閱讀要深入思考，速度要慢。」這樣才能培養學習金頭腦，也才能真正感受到書本的樂趣。請不厭其煩地向孩子強調，「無論如何，閱讀速度都不能比出聲朗讀的速度快。」光是知道速讀的缺點和閱讀必須深思、緩慢的道理，就能避免孩子陷入速讀的泥淖中。

獨立閱讀第二步：自行選書

不是說孩子能夠自行閱讀理解國小低年級程度的書，就代表完全實現獨立閱讀。許多有能力自行閱讀理解書本的國小二、三年級生，一不注意就和書本漸行漸遠，到了高年級，幾乎完全放棄了閱讀，光從這點來看，就能明白「自行閱讀不等於獨立閱讀」。要讓孩子持續自發閱讀，首要任務是讓閱讀生活化。父母可以事先安排閱讀時間、去書店和圖書館的日子等，必定有所幫助。例如「晚上八到九點為閱讀時間」、「每週六是去圖書館或書店的日子」等，這等於持續提供孩子挑選書本和閱讀的機會，還能培養孩子選書的能力。選書的能力不是可有可無的選項，而是成為一個熟練讀者必須具備的能力。具備這項能力的孩子，在父母放鬆對孩子的關心後，依然會持續閱讀；不具這項能力的孩子，則永遠與書本絕緣。

培養選書能力沒有捷徑，唯一的方法是多「逛書」，多嘗試選書。父母能為孩子做的只有兩件事，經常陪孩子去圖書館和耐心等待。

帶孩子去圖書館選書，父母經常急得不得了。因為來圖書館的目的是為了閱讀，而孩子總把時間都花在選書。明明抽出了這本書，卻又轉身抽出別本書，一整天就在書架間來回走動。所以父母經常脫口說出「怎麼選那麼久，讀這本就好！」，乾脆幫孩子選書。當然這麼做可以減少選書時間，不過孩子將無法培養選書的能力。

要成為一個閱讀人，「逛書」是絕對不可跳過的步驟。逛書的時間越短，成為閱讀人的可能性越低；逛書的時間越長，成為閱讀人的可能性越大。逛書時，孩子目光快速瀏覽過書架上的書名。如此一來，自然會發現自己有興趣的書名，並抽出書架上的書來看。他們通常先看書本的封面，再讀封底的文字，接著大致瀏覽目錄和內頁。如果不滿意，再重新放回原位。孩子繞著書架轉，不斷重複這樣的行為，直到發現自己真正有興趣的書，當天才開始讀那本書。這時最重要的不是孩子所選的那一本書，而是孩子抽出又放回的那些書，以及目光瀏覽過的書。這種瀏覽書的行為，就像大量收看介紹電影的節目。

逛書時，孩子一邊發出「原來還有這種書啊」的感嘆，一邊認知到各種類型書籍的存在。下一次去圖書館或書店時，又看見更多的書。假若平均一週去圖書館兩到三次，每一次都繞著書架轉，結果會是如何？當然是開始在心中描繪出一幅圖書館書架的大略地圖，科學類書架上有哪些書，童話類書架上又有哪些書，全都了然於心。孩子腦中書籍清單越多，想讀的書也就越多。也由於大量瀏覽及挑選過各類書籍，選到好書的機率會隨之增加。起初隨意瀏覽時並未放在心上的書，可能在某一天浮上心頭；在學校學習時，也可能聯想起有關的書名而產生興趣。

「逛書」是孩子親近書本最好的方法。就像不常逛街的人，培養不了時尚眼光，不常逛書的人，也培養不了選書的能力。在條件允許下，請經常和孩子一起去圖書館，並且讓孩子自己選書。就算孩子花許多時間選書，父母也不必焦急。他不是在浪費時間，而是正在親近書本，同時培養選書的能力。從自己手中選出有趣、想讀的書來讀，孩子將可藉此獲得成就感。他們能隱約感受到自己正在累積個人閱讀經驗，並且正逐漸朝一名熟練讀者邁進。

身為閱讀人的這種自我意識，日後將會往孩子每個感興趣的領域發展。當養成去圖書館的習慣，也會瀏覽到平時不太有興趣的領域的書籍。讓孩子經常逛書能逐漸降低對這類書籍的排斥感，未來的某一天，或許會抽出自己絕對不會讀的領域的書籍。當那天來臨，父母的任務隨即宣告結束。屆時父母只需要幫孩子辦理圖書借閱證，給孩子充足的時間泡在圖書館即可。當孩子懂得徜徉在書海之中，就進入真正意義的獨立閱讀階段。

獨立閱讀的最大敵人

智慧型手機大大改變了我們的生活，其中最大的變化之一，正是孩子們的閱讀時間和語言能力嚴重萎縮。在我剛開始擔任講師的十餘年前，孩子們的語言能力並不好。當時有些孩子連書都不會讀，不少人達不到自身年齡語言能力的平均程度。

問題的嚴重性在於之後的趨勢，仍持續呈現大幅下降的曲線。三、四年前的國一生語言能力，比五、六年前的差，而現在國一生的語言能力，又比三、四年前的差。或許有人會說我見過的學生數有限，不能一概而論，但是我認為這才是最接近事實的。就整個學齡階段來看，語言能力平均分數下降的趨勢相當明顯，不會閱讀的孩子數量大幅攀升，不會書寫的孩子正迅速增加。大多數孩子近乎上癮般使用智慧型手機，以及兒童、青少年圖書銷售量嚴重萎縮，都足以證明我的說法。縱使每個人情況不同，今日國小低年級學生的普遍程度已經退步到難以形容的嚴重程度。語言能力沒能達到自身年齡程度的孩子不計其數。再繼續下去，不久後要找到語言能力符合該年齡程度的孩子，或許要比尋找自然遺產還難吧。

我觀察到，語言能力退步的趨勢，更常發生在男孩身上，問題也更嚴重。性別導致的語言能力差異，實際上也直接反映在成績。根據韓國教育課程評價院於二〇一四年實施的〈國家級學業成就度評鑑〉結果，自二〇一〇年起，女學生連續數年獲得比男學生更優異的學業成績，尤其國文和英文成績的差距最大。就國三生的情況來說，女學生的國文平均成績每年都比男學生高出將近十分，英文平均成績高出八分左右。

在教育現場上，經常會將問題的矛頭指向男學生惡劣的學習態度，不過這只是根據表面現象來判斷而已。從古至今，男學生的學習態度從不曾比女學生好，一次也沒有。由於精力充沛的生理特性，男學生無法乖乖坐在位置上聽老師講課。儘管如此，過去男學生的成績也沒有比女學生差到這種程度。然而在最近十餘年間的評鑑結果中，為什麼男學生成績明顯比女學生低呢？第一代 iPhone 在二〇〇七年推出，而孩子們真正開始沉迷電腦遊戲和智慧型手機的時間，正好在二〇一〇年左右。我認為男學生之所以成績退步，與智慧型手機和遊戲有密切關係，因為相較於女學生，男學生更沉迷於智慧型手機和電腦遊戲，中毒更深。

電腦遊戲和智慧型手機破壞孩子語言能力的原因，主要有兩個：一個是遊戲和手機本身的危險性。日本大學森昭雄教授在著作《小心電玩腦！》中，曾指出電腦遊戲可能帶來的可怕後果。

森昭雄教授進行了簡單的實驗，以了解電腦遊戲對腦部造成的影響。他先測量四百多位學生的腦波，並根據結果將受測者的腦分成四種類型，分別為普通腦、視覺腦、半電玩腦和電玩腦。一天玩遊戲兩個小時以上、一週持續四天的學生，其腦波與不這麼做的學生相比，呈現顯著的差異。沉迷遊戲的學生腦中，在進行學習等精神工作時釋放的 β 波較弱，而休息時釋放的 α 波也較不穩定。換言之，平時負責高度智能活動的前額葉並未正常發揮功能。森昭雄教授說明這種類型的腦波，「和癡呆狀態的腦波相同」。

更駭人的是，這些並非一時的現象，而是由於腦部發生物理變化才出現的現象。根據森昭雄教授的主張，持續沉迷於遊戲，腦神經迴路將依照遊戲重新調整，變成前額葉無法正常活化的狀態。等於腦神經可塑性往惡化的方向發展。透過閱讀培養學習金頭腦的孩子，腦袋不容易變差，同樣的道理，沉迷遊戲而頭腦變差的孩子，腦袋也不容易也回到原本狀態。因為腦神經迴路已經發生物理變化。我認為我們的孩子，尤其是男孩子語言能力不斷下降的趨勢，與森昭雄教授的電玩腦理論有關。即使不提出科學證據，我們也知道把大部分休閒時間花在遊戲上的孩子，較不容易培養出正常的智能和情緒能力。

電腦遊戲和智慧型手機破壞孩子語言能力的第二個原因，是這些電子產品如黑洞般吸去孩子們的休閒時間。韓國智慧型手機普及率在國小高年級生中超過七十七%，在國中生中超過九十五%。智慧型手機普及率之所以如此高，當然有各種原因，不過最主要的原因我認為在於私人教育。智慧型手機可以說是父母對孩子上補習班的補償，站在孩子的立場，認為「我這麼辛苦讀書，當然要買手機給我」；站在父母的立場，則是「孩子忙著讀書，都沒時間玩樂，至少有手機還可以玩遊戲」。

然而站在閱讀教育的觀點來看，「私人教育」與「智慧型手機」是最糟糕的組合。孩子平時生活被忙碌的私人教育塞滿，沒有時間閱讀，週末還得花大把時間寫補習班的作業。剩下的休閒時間和零碎時間，則被智慧型手機和電腦遊戲像真空吸塵器一樣吸走。當這樣的基本結構形成，別說是閱讀，孩子連基本的思考時間都沒有。

智慧型手機不只影響孩子的腦袋，連休閒時間也吸光，導致孩子沒有閱讀或思考的時間，結果便是語言能力日漸低落。越早接觸智慧型手機和電腦遊戲的孩子，情況越嚴重。這些孩子升上國中後，成績自然大幅退步。因為語言能力低落，更不曾深刻思考，所以即使上國中後想顧好學校課業，也是心有餘而力不足。但是父母不會知道背後的原因，因為他們過去和其他家長一樣投入大量心力在教育上。面對孩子退步的成績，父母們只好拿出最後的殺手鐧與懲罰，那就是沒收智慧型手機和禁止玩電腦遊戲。這個行為會使他們看見孩子過去不曾表現出的另一面。曾經那樣單純、善良的孩子，一旦搶下他們手中的智慧型手機，他們立刻死命抵抗，一邊使勁吼叫，一邊大發雷霆。這時父母受到的衝擊之大，無法以言語形容。

和孩子們面談後，我發現他們這麼做的原因大同小異。孩子們一是覺得自己到目前為止都照父母的安排學習，已經盡到了責任；二是這麼努力學習，成績依然退步，自己也感到氣餒和憤怒；三是認為智慧型手機和電腦遊戲極其重要，父母怎麼樣也不可以搶走。在這三個原因中，尤其以第三個影響最大，這代表孩子已經沉迷於智慧型手機和電腦遊戲而不可自拔了。

這是個以社群網路緻交學校課業的時代，也是沒有智慧型手機便難以和朋友連絡的時代。在這個尖端科技的時代，不可能永遠禁止孩子使用智慧型手機，但是千萬不可以讓孩子在太小的年紀接觸智慧型手機或電腦遊戲。因為越早接觸，越容易上癮，傷害也越大。如果孩子在開發其他興趣之前，已著迷於智慧型手機的樂趣，那麼智慧型手機將成為孩子日後唯一的興趣。比爾・蓋茲曾經立下嚴格的規定，在子女十四歲以前，絕對不買智慧型手機給他們。父母無法永遠禁止孩子使用智慧型手機和電腦遊戲，但是可以盡可能延緩孩子接觸的時間。了解生活中其他樂趣的孩子，不容易沉迷於智慧型手機和電腦遊戲中。

干擾孩子獨立閱讀的因素

真正的獨立閱讀，是「覺得書本有趣而主動閱讀」，其核心最終在於「孩子是否感受到書本的樂趣」。因為只要孩子充分感受到書本的樂趣，未來即使沒有父母的催促，他們也隨時樂意獨立閱讀。但是在我們的周遭，存在太多降低書本樂趣的敵人。

◆ **全集**

全集並不是不好，問題是一次買了太多本書卻不顧孩子的興趣，容易讓閱讀變成學習和義務。「各年齡層有必讀的全集」、「全集買了一定要讀」的想法，最好果斷放下，否則閱讀教育終將走向失敗。

◆ **知識類漫畫**

在孩子閱讀的十本書當中，只有兩到三本是知識類漫畫，應該沒有關係吧？如果能繼續維持這樣的比例，當然不算是嚴重的問題。但是孩子一旦踏入知識類漫畫中，其比重將逐漸增加，下場就是大部分的閱讀被知識類漫畫占據。沒必要為了獲得微不足道的些許知識，去閱讀對提升語言能力沒有幫助，還可能破壞閱讀習慣的知識類漫畫。

◆ **速讀**

在獨立閱讀階段，最需要注意的是速讀。一旦孩子開始速讀，閱讀教育將陷入重大危機。因為即使讀得再多，也看不見任何閱讀效果。請一再告訴孩子，速讀是糟糕的閱讀方式。

◆ **私人教育**

私人教育效果在國小低年級最好，隨著年級增加，效果逐漸遞減，直到國中二年級，事實上效果已經消失，最終還是得靠自己閱讀理解的學習。如果孩子不是只讀到國小的話，請別用私人教育奪走孩子閱讀的時間。

◆ **智慧型手機**

有些父母認為，「智慧型手機不可能永遠不給孩子。比起到了國高中才沉迷智慧型手機，不如從小就給，盡快度過那段沉迷的時間。」智慧型手機並不是非通過不可的人生階段。越小接觸智慧型手機的孩子，沉迷於智慧型手機的情況越嚴重。智慧型手機是越晚給孩子越好。

第七課

讓孩子獨立閱讀的訓練法

適用年齡：國小低年級

國小一、二年級是獨立閱讀相當重要的養成期。但實質上的閱讀獨立，最早可以追溯到父母為嬰幼兒期的孩子朗讀書本。每個孩子的情況可能不同，不過基本上會經過「大量朗讀↓父母為孩子朗讀開頭，後半部自行閱讀↓自行閱讀」的過程。每個過程都按部就班執行，孩子將能更輕鬆、更有效地達到獨立閱讀。

獨立閱讀的四個階段

一	**嬰兒期：大量朗讀**	每天為孩子朗讀圖畫書。就算已經認得字，也不要讓孩子自己閱讀，一定要為孩子朗讀。
二	**國小一年級：朗讀開頭**	最好至少在一、二年級以前，同時進行為孩子朗讀和孩子自行閱讀。請朗讀適合孩子年齡的故事書開頭，每天五分鐘左右。
三	**每週去圖書館、書店一次以上**	要讓閱讀生活化，沒有什麼比經常帶孩子去圖書館和書店更好的了。
四	**獨立閱讀**	孩子每天自行閱讀國小低年級讀物。

大量朗讀

孩子學齡前避免自行閱讀，對腦部發育較好。**國小一、二年級是獨立閱讀的準備期，可同時進行「為孩子朗讀」和「孩子自行閱讀」**。

自行閱讀

即使孩子可以自行閱讀，依然要多留意孩子的閱讀情況。**請多利用孩子讀過的書當做聊天的題材。**

第八章 面對不斷變革的大考制度，我們如何臨危不亂？

只想逃離學習的資優生

民善是相當優秀的資優生，曾認真考慮要就讀特目高[12]。他國中、小階段成績平均九十五分以上，從國英數到體育、美術，全科成績總是名列前茅。如此完美的民善，在即將面臨高中升學的國三寒假找上我，主要目的是想讓學習歷程檔案「多元表現」中的閱讀表現更好看，同時也為小論文考試做準備。用大考國文科精選題本測驗的結果，民善的語言能力測驗分數為七十二分。考量到他幾乎沒有課外閱讀的經驗，這樣的語言能力可以說相當不錯。我心想，這個孩子基礎還算穩固，只要整個寒假努力閱讀，必定有長足的進步。

但是課程開始後，民善的表現卻出乎我的意料。以他的能力完全可以讀懂的書，他卻草草讀過就來補習班。問了他原因，說是要做的事情太多，也覺得指定讀物有些困難。果不其然，民善上課的時候經常精神不濟，也比較敏感。明明還沒開學，他已經感受到巨大的壓力了。直到開學後，他的狀態變得更差。民善經常缺席閱讀課，雖然主要是為了準備英文、數學補習班的加強課程和實作評量，但是最大的問題，還是在於他沒有做好心理準備面對閱讀。

民善四月底的期中考成績一塌糊塗，全校排名八十。社會、自然等許多科目拿到史無前例的六十多分，全家瞬間天翻地覆。兩週後，民善才回到補習班，心情看來意外地平靜。

「不知道耶。就覺得怎麼都學不好。」

一直以來成績名列前茅的資優生，竟如此輕易、快速地放棄學習，令人跌破眼鏡。

國中一年級出現的第一次劇變期，其原因和情況相對單純清楚。因為孩子的語言能力低於國中教科書的語言程度，才會發生成績大幅退步的現象。但是高中一年級出現的第二次劇變期，比這更加複雜，情況也更混亂。不只是語言能力，心理狀態和學習方式等因素，都以不同的方式影響成績，因而導致極其混亂的成績變化。說得誇張一些，部分學生甚至會

12. 全名為特殊目的高中，是韓國以培養特殊人才為目的的高中，有外語高中、國際高中、科學高中、體育高中、藝術高中、農業高中、工業高中等。

覺得被打回原形，一切重頭開始。而在這混亂的劇變中，影響最大的因素正是「心理狀態」。

升上高中後，孩子們不曾經歷過的壓力排山倒海而來，將孩子們壓得喘不過氣，例如高中在學成績直接影響大學入學的壓迫感、必須和朋友競爭名額的困惑、高中課業學習本身的艱難，以及外界對資優生群體和其他群體的差別待遇等。如果說到國中為止，都是父母操碎了心，那麼從高中開始，就是火燒眉毛的孩子們急得團團轉。在開始學習前，必須先挺過這個巨大的壓力。心理強大的孩子選擇正面迎戰，而心理脆弱的孩子終將難逃鴕鳥心理。

逃避的強度因人而異，有的孩子態度不慍不火，不積極投入學習，也有的孩子態度極端，可以說完全放棄學習，各種類型不一而足。選擇逃避的孩子，往往並未覺察到自己正想方設法逃避。人類基本上必須活在自我肯定裡，一旦意識到自己正設法逃避的事實，將無法再肯定自己，所以他們本能地想從其他地方找出自己陷入困境的原因。

成績退步的三種心態

最常見的是「停留在國中生階段」的類型。即將面臨高中升學的孩子，開始一步步調整自己的心態。由於高中三年的成績直接影響大學考試，如果過去只是跑步練習，慢慢來也無妨，而現在起就是真正的競賽，必須用盡全身的力量跑出最好的結果。高中生必須像個即將出戰奧運的選手一樣，一邊調整自己的狀態，一邊說服自己進行比過去強度更高的學習。然而「停留在國中生階段」這類學生，不會出現這種心理變化；由於沒有心理上的變化，學習態度也沒有改變。

他們依然跟國中階段一樣，像轉動的陀螺固定去學校和補習班、看連續劇、玩遊戲。因為平時不額外學習，所以也沒有安排學習計畫。如果說有什麼地方不一樣，大概是準備考試的時間從考前兩到三週，提早到考前四到五週。但是當他們開始準備考試時，卻又大喊吃不消。因為高中課程更加困難，學習量也更多，和國中根本無法相比。當他們還在狀況外時，已經考了第一次期中考，接著收到有生以來前所未見、聞所未聞的成績單。這類型學生的真正問題，在於他們並未對成績退步這個事實採取行動，而是在退步之後變得消極。像這樣嘗到一次失敗後，照理應該要立刻振作精神，準備下一次的挑戰，然而他們卻選擇了放棄。「看來我真的不行。高中課業還是太難了。」陷入半放棄的狀態。四、五個月前還是個夢想進入前三志願醫學院的孩子，現在卻開始找自己成績上得了的地方大學，或是在國立大學中，尋找成績勉強可以進入的低分科系。他們從未想過自己的分數還有東山再起的可能。

和這些孩子們面談後，就能輕易找出問題的癥結。首先，這些孩子認為自己已經竭盡全力努力學習。「每天上補習班、寫補習班的作業到深夜，甚至考前四到五個禮拜就開始瘋狂讀書。還要叫我怎樣再更努力一點？」其實孩子們會這麼想是理所當然的。從國小到高中，孩子都是以「聽解」的方式學習。他們透過經驗學到這樣錯誤的刻板印象──「學習是聽老師或補教老師的說明，理解後記在腦袋裡」。他們到目前為止都是那樣學習，也透過那樣的學習得到一定程度以上的成績。問題是「聽解學習」的方式根本沒有效率。前面也提過，這個方式本身無法負擔高中課業。再加上高中課業難度較高，學習量也相當多。然而孩子們唯一會的學習方法，只有「聽解學習」。

明明按照過去的學習方式全力以赴，卻依舊徒勞無功，孩子們自己也急得跳腳。他們認為上高中以後，成績退步的責任不在他們身上，因為他們已經在自己能力所及的範圍內全力以赴了。「如果不是我的錯，那會是誰的錯？當然是老師或補教老師的錯。」所以這種類型的孩子最常說的話，就是「這個老師很不會教」、「這個補習班老師的教法不適合我」，把成績退步的責任丟到老師或補教老師身上。甚至有些孩子認為都是父母的錯，沒有讓他們接受更好的私人教育。

這種心理相當幼稚惡劣，根本稱不上一個高中生的格調。身體已經發育完全，和大人沒有兩樣，想法卻退化到國小生的程度。一個正常的高中生，必須認知到自己所做的一切，責任都在自己身上，而不是別人。即使某些科目老師或補習班老師教得不好，那充其量只是影響個人表現的眾多因素之一而已，最終問題依然得自己解決。這些孩子最大的問題，在於心理發展不夠成熟，連這種程度的判斷都辦不到。當然，孩子們心理不夠成熟，並不只是孩子本身的問題。他們的這種思考方式，是在整個教育過程中一步步學習、深化而來的。原本A英文補習班上得好好的，又被父母轉到聽說教得更好的B補習班，或者原本上著C數學補習班，又轉到口碑更好的D補習班，在這樣的過程中，孩子們自然而然強化了這樣的思考方式：「我沒有學好英文、數學，並不是我的錯，責任在於沒有把我教好的英文老師、數學老師身上。」這種從小學習與深化而來的觀點，即使到了高中也依然發揮影響力。

這類孩子的癥結點，在於對學習的錯誤觀念，以及無法客觀判斷情勢。學習的觀念也好，客觀判斷情勢的能力也罷，都不是別人一教就會的，必須由自己思考、領悟。在此之前，得先達到心理上的成熟才行。全人教育的真正意義，並不僅限於道德上的健全或體能上的強壯，比這更重要的，是「精神上的成熟」。沒有精神上的成熟，便什麼也做不好。大學入學考試也是一樣的。

第二種類型是「我要追尋自己的夢想」。這種類型的孩子出乎意料的多，他們會在某天忽然宣布自己想當演員或歌手、電玩選手或YouTuber。這類孩子比「停留在國中生階段」的類型，有更複雜微妙的特徵。他們陷入自己看似理所當然的煩惱中，而這種煩惱無法用心理上的不成熟或脆弱來說明。

我們的教育是大考競爭教育，所以孩子們早早便投入學習。學習幾乎成為判斷每個孩子的唯一標準。就像把非洲大草原上的獅子和大象、猴子、斑馬、禿鷲等動物集合在一起，根據賽跑的名次給予獎賞一樣。這種遊戲規則基本上並不合理，也相當粗暴。

當然，人類從事的多數行為有賴智力，我們也經常以智力判斷一個人是否具備從事該職業的能力，正如同任何一種動物都需要基本的肌力一樣。問題是學校課業和智力並不直接相關，同時也由於過早且過度強調學習的重要性，導致孩子們沒有心理上的餘裕思考並判斷自己是獅子還是兔子。

想要了解自己是誰，並不如我們所想的容易，卻是相當重要的反思。在多元智能理論中，將之稱為「內省智能」（intrapersonal intelligence）。內省智能低落的人，無法了解自己的長處所在；不了解自己的長處，便無法選擇適合自己的道路。因為不知道自己喜歡什麼、擅長什麼，很容易選擇了不適合自己的工作，使用了不適合自己的方法。

有多少孩子認真思考過自己是誰？又有多少孩子會在日記上吐露自己的心情，或是能說出超過五十個自己喜歡的和討厭的、擅長的和不擅長的項目？

我們孩子從小的生活，就是由一次次段考成績決定悲歡喜樂，就這麼讀到了高中。孩子這時才發現三年後要上的大學早已被決定好，上大學後，自己就是一個大人，要做的事情也早已被決定好。儘管如此，過去不存在的內省智能不可能忽然出現，所以他們依然看不見真正值得賭上人生的夢想。他們只是開始意識到自己不願意走上這樣的人生，於是各種懷疑不斷襲來，「到目前為止的夢想像是醫生、律師、科學家、外交官，真的是我的夢想嗎？」

再加上高中課業的困難、對學業競爭的恐懼、高中成績將決定自己未來大學的壓迫感，都強化了這種疑惑。在渴望尋找自己真正夢想的迫切感，以及想逃離不合理的大考地獄的心情兩相作用下，孩子焦急地丟出莫名其妙的結論。「沒錯，我的夢想是當個演員。」他們急著將自己的未來，定位在與成績毫無相關的夢想，或是從小沒來由憧憬過的生活。孩子們當然不會懷疑，他們深信這才是他們真正的夢想。這是由於內省智能低落造成的結果。

接著孩子開始說服父母。父母如果不肯屈服，接下來必將面臨嚴重的家庭失和；父母如果被說服，孩子接下來將澈底貫徹自己的想法，四處上表演補習班、音樂補習班、藝術補習班。根據我的觀察，任何一種方向都很難成功。前者在父母的強力反對下爆發家庭革命，孩子的成績從此一蹶不振。在整個高中階段，孩子將以被害者自居，「都是爸媽毀了我的夢想」，採取消極怠惰的態度。後者儘管聽從孩子的想法，結果也是大同小異。孩子不久後將會發現，自己過去懷抱的夢想其實並不容易成功。因為真正親身嘗試、碰撞後，才會知道演戲有多麼困難、唱歌有多麼困難。所以不少孩子在開始追尋夢想後，短則一學期，長則一年，就會中途放棄。然而在校成績已經落後別人一大截了。不過值得安慰的是，部分孩子（雖然每個孩子狀況不一樣）在中途放棄後，仍願意回過頭發奮學習。

最後一種類型是「我試過了還是不行」，是僅次於「停留在國中生階段」最常見的類型。走進高一教室，下課時間仍有不少學生在學習。這些孩子有著堅定的意志，全心全意投入學習。然而在這些人中，有不少人即使努力學習，仍在第一次期中考拿到不甚理想的成績。原因就在於他們尚未具備有助於學習的語言能力。他們投入的努力越多，得到的失望與挫折也越大。「我果然不行」的挫敗感，導致他們進入下學期後學業完全鬆懈。雖然還不到完全放棄學習的地步，卻已經想要草草過完高中生活，趕快找個自己成績上得了的大學了。

以上介紹孩子升上高中之後，成績開始退步的幾種心理類型。其實還有更多的類型，不過原因大多不脫這三點：精神上的不成熟、爆發力的缺乏、對未來的恐懼。儘管在這本書中，我只單純從學習的觀點來探討閱讀，不過在這個部分，我想稍微脫離學習的觀點，談談其他的事情。這是我個人對於閱讀和心理狀態的看法。

心理狀態是與生俱來的，就像身體天生如此。有些孩子天性樂觀、大方，有些孩子性格謹慎、敏感。但是這些差異和「能否承受高中學習壓力」毫不相干。無論如何，最重要的在於能否運用精神上的成熟和思考的力量，來客觀觀察、判斷情勢。因為這個力量將會引導情緒往正確的方向發展。

我們經常將青春期的孩子稱為「中二病」，認為青春期是反抗父母、情緒暴躁的時期。然而這其實也是心理快速邁向成熟的非常重要的時期。在意識到自己的身體正逐漸發育完全的同時，孩子們開始思考我是誰、這個世界是什麼樣的地方、我要過上什麼樣的生活，同時也走向精神上的獨立。孩子如何度過青春期，將決定他是否成為精神成熟的大人，抑或只是身體發育成熟的孩子。青春期發展偏差的孩子，容易動不動情緒爆發。例如父母一句無心的話，就可能讓孩子大發雷霆，躲進自己的房間。孩子並不知道自己為什麼感到煩躁，他以為自己是因為父母的一句話才生氣，不過這其實可以追溯到他在學校發生的不愉快，或是學習帶來的壓力，甚至有些孩子認為自己心情不好，就可以隨便對父母發火。

青春期的另一個錯誤行為，是以為自己無所不知，無所不曉。「爸媽哪裡會懂？」這句話之所以成為青春期的代名詞，也是由於這個原因。因為覺得自己什麼都知道，所以荒謬地以為自己淺薄的想法才是正確的，漸漸地養成了青少年特有的固執。像這種青春期發展偏差的孩子，即使過了青春期，想法依然像個孩子一樣。只要未來沒有特殊契機，這種孩子將難以擺脫幼稚的思考模式。

反之，青春期發展健全的孩子，則是思考自己為什麼感到如此煩躁。「為什麼過去覺得父母的嘮叨理所當然，現在卻忍受不了？」經過這樣的思考，他們察覺到自己正按照他人的期待過活，而非自己的意願。「我的身體雖然長大成人，但是我的處境卻和國小時沒有兩樣，我是因為這樣的失衡才發怒的。」他們也會發現，學校和父母都在這個問題的核心內。他們開始思考「為什麼學校要綁住我？」、「父母為什麼要干涉我的一舉一動？」像這樣深入思考與自己有關的所有現實情況後，才能判斷什麼是可以靠自己力量改變的，什麼又是無法改變的。隨著一步一步擴大自己思考的範圍，孩子將因此發現自己正與整個世界拔河，當然也會知道爸爸、媽媽和自己一樣，都在與世界拔河。在這個過程中，孩子將領悟到自己是一個獨立的個人，同時也是這個世界上芸芸眾生中的一人。如此一來，他們才能客觀認識到最真實的自己。

為了更了解自己和這個世界，也為了參考其他人與世界的拔河方式，孩子開始翻開書本。一些孩子進入青春期後，沉迷於科學書籍和哲學書籍，正是由於這個原因。這些孩子知道這個世界上有更多比自己優秀的人，必須向他們學習思考的方法。

青春期發展偏差的孩子，無法客觀掌握並判斷自己只是高中一年級生的事實。他們想像中的大學入學考試，比真正的大考還要困難。所以他們被恐懼籠罩，感到委屈，做出錯誤的情緒反應。青春期發展健全的孩子，知道大考競爭的現實儘管不合理，卻是每個人都必須經歷的無法改變的常數，所以他們在這個夾縫中尋找自己能夠發揮的餘地。先設定渴望的目標，找出爭取這個目標的方法後，付諸實行。

語言能力不只是單純閱讀、理解文章，還包含了在這之上的能力。語言能力強，也代表具備邏輯思辯的能力。語言能力強的孩子，懂得思考自己所處的現實與遭遇的問題，找出合理的解決之道。一個健全發展的青春期，必須建立在強大的語言能力基礎之上。強大的語言能力也是一個強力引擎，推動孩子成就夢想的目標。對語言能力強的孩子而言，沒有什麼「我試過了還是不行」，做了就知道。

第二次劇變期出現的混亂，源自於心理狀態的各種變形。語言能力即使不是心理狀態的必要條件，也肯定是心理狀態的充分條件。

為什麼在校成績沒有反映到大考成績？

我們的大考制度，就像一件由許多破布縫補拼湊而成的衣服。在經過天翻地覆的教育改革後，大考制度越來越複雜，像是一篇難以理解的論文。大學招考類型五花八門，數也數不清，而錄取新生的算法也讓人摸不著頭緒，令人厭煩。情況甚至到了必須把準備大考放在第二位，而優先去聽大考說明會，認真筆記，只為了搞清楚大考制度。

既然創造出了像微積分一樣困難的大考制度，至少結果會是好的吧？然而實際情況卻令人搖頭。如今任誰都無法否認，教育已經喪失了促進階級流動的功能。都說「寒門出狀元」，如今連寒門都難進，更遑論出狀元。大考制度越複雜困難，私人教育越猖獗，孩子們的學習負擔越重。高中仍有明星高中、私立高中、公立高中之分；即使考進同一間大學，孩子們依舊區分誰來自明星高中，誰靠加分入學，非得分出階級高下，想法越來越幼稚。教育平等實際上已經崩潰，全人教育淪為連外行人都會笑的玩笑。

大考制度看似隨時在改，也改得一團糟，但事實並非如此。正如河水永遠流向大海，大考制度改革也有一定的方向。為幫助讀者理解，以下我將分析過去二十餘年來大考制度是如何改變的。

臺灣的大考制度大致區分為三個時期，分別為大學聯合招生考試時期、學科能力測驗時期、學生學習歷程檔案[13]時期。造成這些巨大改變的，並非新任總統過人的教育哲學，或

13. 此處原為韓國的「學生綜合簿入學」，其精神與內涵正好與臺灣教育部將於一一一學年度實施的大考入學制度「學生學習歷程檔案」符合，強調學生在校成績與大考成績之外的多元表現，因此以下皆以此翻譯。關於「學生學習歷程檔案」，請參考一〇八課綱資訊網（https://12basic.edu.tw/edu-3.php）。

是教育部當權者突如其來的決定，而是不同時代需要不同類型的人才所造成的。

從一九五四年實施至二〇〇一年的「大學聯合招生考試」，可以說是「高中三年學業成績總測驗」。考試內容就像期中考、期末考，考的是教科書中的內容，而考試範圍則涵蓋高中三年。這項考試的目標，是為了檢測「對課業學習的理解程度」。當時臺灣仍是開發中國家，比起建構新的制度，更重要的是向先進國家學習已經建立的制度，並且引進國內。所以當時需要的人才，

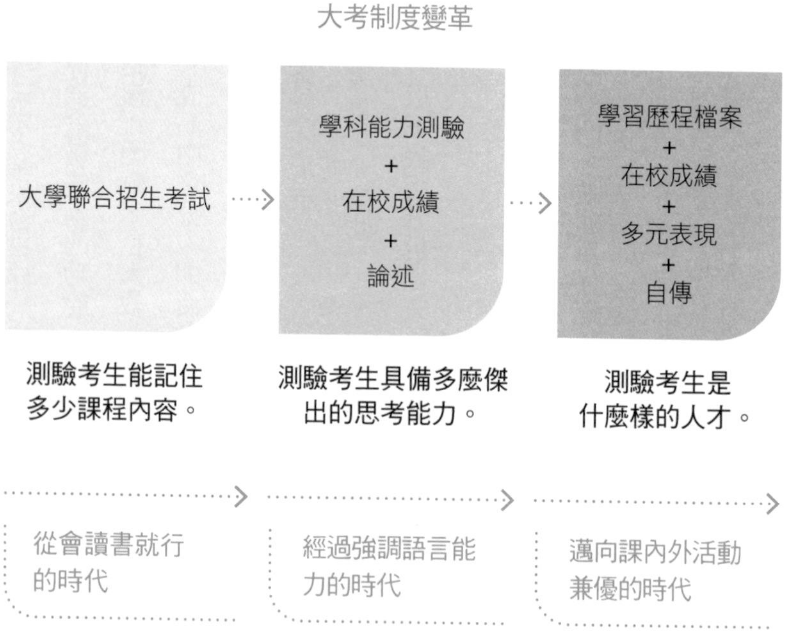
大考制度變革
大學聯合招生考試
學科能力測驗 + 在校成績 + 論述
學習歷程檔案 + 在校成績 + 多元表現 + 自傳
測驗考生能記住多少課程內容。
測驗考生具備多麼傑出的思考能力。
測驗考生是什麼樣的人才。
從會讀書就行的時代
經過強調語言能力的時代
邁向課內外活動兼優的時代

是擅長學習的人才。大學聯合招生考試可以說是符合當代要求的考試。

然而隨著社會的發展和日益複雜，時代需要的人才也開始改變。比起單純學習既有課程內容的人才，更迫切需要懂得思考並隨機應變的人，也就是具備思考能力的人才。所以順應時代而生的考試，便是「學科能力測驗」。「學科能力」是指「接受大學教育的基本學科能力」，而接受大學教育的工具是語言。學科能力測驗即是以「語言能力」為基礎的考試。如果說大學聯合招生考試要測驗的是考生能記住多少課程內容，學科能力測驗則是測驗考生能否解決某個問題。當然，在學科能力測驗中，也包含許多高中課程內的知識，但是出題的方法不同。考試不會直截了當地問「你知不知道？」，而是問「你能不能利用所學解決這個問題？」所以經常可以看見有的學生對高中課程瞭如指掌，學科能力測驗卻沒有考好，或是有的學生較不熟悉高中課程內容，卻能在學科能力測驗中大放異彩。

即將實施的學生學習歷程檔案，也是因應時代需要的人才再次改變而出現的考試制度。至於是什麼樣的人才，留待之後介紹，這裡先來看大學入學考試的特徵。雖然目前大學聯合招生考試已經消失，不過擅長學習的能力依然透過在校成績反映在大學入學選才上。同樣地，學生學習歷程檔案雖然成為主流大考制度，然而學科能力測驗成績太低，同樣無法取得大學的門票。思考的能力依然重要，這點未來也不會改變。

正常的教育下，大考成績和在校成績必須是成正比的。學科能力優秀的孩子，課業表現當然也相當傑出。但是在重視私人教育的異常現況下，大考成績和在校成績經常是無關的。不少孩子學科能力有限，實際成績卻相當耀眼。換言之，也有不少孩子儘管在校成績優異，大考成績卻差強人意，導致錯失大學入學的門票。姜賢和度允正是這樣的孩子。

這兩個好朋友畢業於同一所私立小學，從小接受最好的私人教育。國中畢業時，兩人所有科目都拿到相當於頂標的最高成績，尤其英文、數學成績更是出類拔萃。因為太會念書，兩人也並不擔心高中課業。擔心他倆未來的人只有我，因為他們的閱讀能力都不好，國文成績要比其他科目差，語言能力測驗成績也出乎意料的低。他們國中畢業時考的語言能力測驗，只達到國中二年級的平均成績，這樣的語言能力並不足以順利應付高中課業。即使可以各個科目都請到最頂尖的家教老師，勉勉強強維持在校成績，大學入學考試也肯定會嘗到苦果。我告訴他們這樣的後果，並傳授他們可以提高語言能力的學習法，要求他們務必做到。這兩個孩子一副胸有成足的樣子，要我別擔心。

然而這兩個孩子在高三上學期的時候，又重新找上門來。經過第二次劇變期後，他們的成績大幅退步。只有入學前就接受頂尖私人教育的英文和數學依然名列前茅，其餘科目完全拖垮平均。至於學測模擬考的分數，情況就更慘烈了。最後兩人雙雙在大考落敗，不僅國文、社會、自然科只考出五十到六十分，就連在校成績維持頂標的英文、數學，也低三到四級分，結果當然上不了理想中的大學。他們接受頂尖私人教育十幾年，最終卻落得一場空。

高中英文和大考英文的考試特徵完全不同，高中英文只要看懂題目，就能得到不錯的分數，然而大考英文即使看懂題目，也可能答錯，因為大考英文其實就是出題語言為英文的「國文考試」。即使懂得讀寫中文，大考國文測驗問題也會寫錯；同理，即使大考英文看得懂題目，也可能會寫錯。大考數學也是一樣的，許多題目如果沒有發揮思考能力，就無法判斷該帶入什麼樣的公式，又該如何帶入。其他科目都是如此。大考不是掌握高中課業內容就能全部解答的考試，必須以敏捷的思考能力為後盾才行。**而這裡所說的思考能力，正是語言能力。**

其實國文科發揮了衡量大考成績的功能。國文成績高的孩子，大考成績往往整體比在校成績高出許多；反之，國文成績低的孩子，大考成績整體比在校成績還低。但是要提高大考國文科成績，猶如登天般困難。即使上國文補習班，上大考考前衝刺班，接受昂貴的私人教育，成績進步的幅度也不大。其實只要使用正確的方法，想要提高大考國文成績，並非如此困難的事。正如第三章〈故事書如何提高成績？〉所說的，只要確實閱讀即可。即使兩週讀一本書，只要維持一年，也可以提高成績。最有效的方法就在眼前，卻捨近求遠，當然解決不了問題。

對學生而言，語言能力猶如運動選手的肌耐力。技巧再怎麼高超，心理狀態再怎麼堅強的運動選手，如果沒有養成基本的肌耐力，便無法取得良好的成績。同樣地，沒有語言能力做為支撐的學生，不可能在大考中成功。即便他們過去接受頂尖的私人教育，靠著過人的熱忱和長久以來磨練出的學習要領，咬緊牙關締造出奇蹟般的在校成績（當然這也是幾乎不可能發生的事），最終仍會被擋在大學入學考試這座高山外。然而大多數孩子從國小到大考前，幾乎都以這種方式學習。如此一來，接受更多昂貴私人教育的孩子，自然能得到較高的成績。一代延續一代的教育不平等，便在此過程中逐漸定型。但是轉變為以閱讀為主的教育方法後，孩子發生了天翻地覆的改變。請別忘了，出身寒門的狀元全是讀書狂。學校課業也好，大考也罷，以閱讀為基礎的教育才是正解。即將迎來學習歷程檔案時期的現在，更是如此。

學生學習歷程檔案的真相

韓國的學生學習歷程檔案是綜合學生表現（包含在校成績）和自傳、面試、最低學力測驗標準等項目，以判斷學生資質的制度。如前所述，大考制度的改革代表時代需要的人才正在改變。經濟上已經躋身先進國家之列的韓國，需要什麼樣的人才呢？接下來將從學生學習歷程檔案的評分事項來分析。

每次看見這樣的評分標準，我總會想起賈伯斯或比爾．蓋茲之類的全球領袖。因為任誰看來，這些評分事項就像是根據全球領袖的青少年時期改良而來。

過去韓國有過一個令人哭笑不得的口號——「十萬賈伯斯養成計畫」，不過這並非一句玩笑話。從現實層面來看，第一線產業對於過去教育體系培養出的人才，已經開始發出不滿的聲音，因而喊出上述的口號。那些所謂名校出身的菁英，不少人無法適應組織文化，又缺乏爆發力，只會讀書的人才，在實務工作上顯露出許多弱點，甚至出現「公子型人才」、「公主型人才」的新名詞。

因為這樣，準備大考的孩子們該做的事情又變多了。除了基本的學習外，還要閱讀、寫讀後感，校內只要稱得上比賽的競賽都得參加，社團活動也不可少。真令人難過。孩子的學習時間被大量剝奪已是一大隱憂，然而孩子們面臨更大的問題是，這些評分事項都難以靠自己的力量完成。想進入頂尖大學，閱讀活動的書籍清單相當重要。在安排書籍清單時，必須思考該閱讀哪些具有一定水準的書，又該如何透過清單表現自己是具備求知慾的人。這對從未真正閱讀過的孩子而言，是極大的挑戰。多數孩子無法閱讀理解一定水準之上的書籍，即便耐著性子勉強讀下去，也只是一頭霧水；又因為從未帶著對知識的好奇閱讀，當然不知道該從什麼樣的書籍著手。於是，為學生規劃多元表現（包含讀後感）的專業顧問，便如雨後春筍般大量出現。雖然大考制度改變，強調要選出「從閱讀中學習的創意型人才」，實際上卻開拓出私人教育的另一片藍海。這些顧問不僅負責閱讀經歷，

韓國的學生學習歷程檔案評分事項

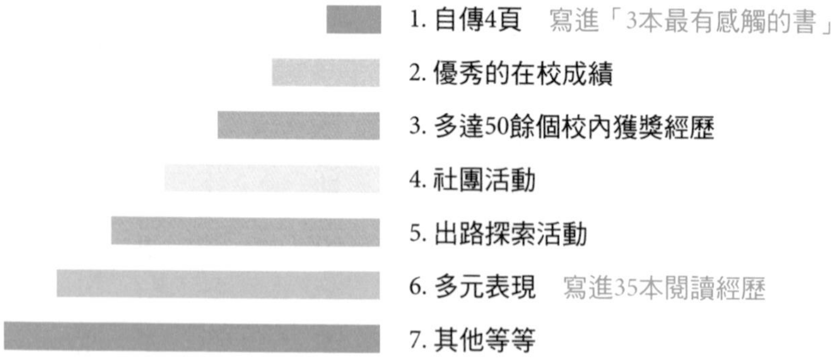
1. 自傳4頁　寫進「3本最有感觸的書」
2. 優秀的在校成績
3. 多達50餘個校內獲獎經歷
4. 社團活動
5. 出路探索活動
6. 多元表現　寫進35本閱讀經歷
7. 其他等等

賈伯斯、比爾．蓋茲的學習歷程

賈伯斯 Steve Jobs 1955-2011	全球領袖 Global Leader = Global Reader	比爾．蓋茲 Bill Gates 1955-
國中時嘗試組裝計頻器，因為缺少零件而致電惠普創辦人惠烈特（Bill Hewlett），取得零件。	自傳	從小沉迷於電腦程式設計，並編寫「月球登陸」等各種遊戲。
從小沉迷於電子機械，參加各種科學競賽。	獲獎經歷	高中階段開發出排課軟體，提供學校使用。
高中與史蒂夫．沃茲尼克（Stephen Wozniak）一起製作可免費撥打長途電話的裝置「藍盒子」，大賺一筆。	社團活動	高中三年級與保羅．艾倫（Paul Allen）共同成立軟體公司「Traf-O-Data」。
「在這世上我最喜歡的東西，是書和壽司。」	多元表現 「閱讀」	「培養出我今日成就的，是我家鄉一座小圖書館。比起哈佛大學的畢業證書，讀書的好習慣更加重要。」

也指導學生製作能在校內比賽中獲獎的作品，並且為學生規劃學習歷程檔案中強調必須寫進去的內容，甚至將上述表現組織成一篇故事，編寫為學生的自傳。換言之，他們能從頭到腳為學生訂製一個新的形象。

對家長和學生而言，這只是惹人厭又不得不照做的無意義制度。如今，想在沒有專家的幫助下通過大考變得日益困難。並非制度本身不好，而是制度引發的現實情況就是如此。

當然，大考制度也可能再次修改，但是改革方向不會有太大變動。因為對全球領袖型人才的需要不會改變，所以大考制度再怎麼改革，這些缺點必然會存在下去。那麼，我們該如何準備才好？像別人一樣接受大考顧問的幫助，編寫精彩的多元表現，才是唯一的辦法嗎？不是的。還有比這更輕鬆、效果更明確的方法，那就是成為真正的「全球領袖型人才」，也就是「從閱讀中學習的創意型人才」。

贏得大考成績最有效的方法

全球領袖都是閱讀人。這些全球領袖總是一再強調，「是閱讀造就了今日的自己」。臉書創辦人祖克柏至今仍從事讀書會活動；比爾・蓋茲在一年中規畫一個月的休息時間，全部用於閱讀；投資鬼才巴菲特每天上午都在閱讀。即使日後成為成功的企業家，他們依然維持從小養成的閱讀習慣。

他們的閱讀行為，目的不只在於累積學識，更是為了透過書本訓練思考、解讀世界。他們從小就明白這樣一本本閱讀下來的書籍，都將成為他們堅強的實力。這正是為何閱讀經歷會成為韓國的學生學習歷程檔案主要評分事項之一，而特殊目的高中或著名自律型私立高中之所以在韓國受到歡迎，其中一個原因也在這裡。比起一般高中，這兩類高中的閱讀課更多。芬蘭教育能夠達到世界頂尖水準，也是因為在整個教育過程中，學生都必須修習閱讀課。

從小養成的自發閱讀與專注閱讀，能促進孩子的語言能力快速發展。從前面賈伯斯的案例可以知道，他透過閱讀在國小四年級練就高中二年級的語言能力，也就是具備比自身年齡更高的語言能力。等於賈伯斯以高二的程度，讀小四的課本。對這些具備優秀語言能力的孩子而言，教科書不過是他們所閱讀的眾多書本中的幾本。學校課業根本算不上學習，只要好好聽課，讀過一遍課本就行。由於學習沒有花去太多時間，他們有更充裕的時間和心理準備去從事自己真正想做的事情。「我想做的事情，全都可以做到。」比爾・蓋茲沉迷於電腦程式設計，賈伯斯熱愛組裝無線電收發器。由於這些都是他們想要嘗試的事情，所以實力迅速增加，也得到許多相關獎項。能夠證明這些經歷的制度，正是學生學習歷程檔案中的「校內獲獎經歷」與「社團活動」。

具備優秀語言能力的閱讀型人才，不必為學生學習歷程檔案的評分事項另做準備，只要將自己讀過的書籍名稱寫進閱讀經歷即可。社團活動和校內獲獎經歷也都是自己真正有興趣的領域，當然已經投入許多時間準備，這也沒有問題。對於他們而言，課業學習從來不是令人頭痛的事。因為語言能力優異，短時間內就能高效處理完成。

反之，語言能力低於自身年齡平均程度的孩子，認為學生學習歷程檔案是最糟糕的大考地獄。因為他們語言能力低落，即使二十四小時都在學習，也得不到好的成績，更別說還得閱讀。心不甘情不願地翻開書本，從第一頁開始就看不懂書中內容，只好大致瀏覽過整本書後，上網搜尋該書的介紹，草草撰寫讀後感後繳交。閱讀經歷的繳交淪為形式上不得不做的義務，而非真正的閱讀。再說連讀書的時間都不夠了，還得參加社團活動。除了遊戲和聊天，孩子們沒有其他的興趣，也沒有感興趣的領域。在考慮未來出路後，一些孩子貿然加入看似不錯的社團，然而這也變成了剝奪學習時間的課外活動。除此之外，孩子還必須參加學校為了學生學習歷程檔案而倉促舉辦的各種校內比賽，學習時間被這些活動佔據，不知不覺就到了每一次的段考。

在語言能力優異的閱讀型人才眼中簡單且理所當然的事情，卻是語言能力低落的孩子無法承擔的負荷。然而在現代，多數人都屬於後者。在早期教育與私人教育的狂潮中，語言能力優異的閱讀型人才幾乎瀕臨絕種。只要具備符合自身年齡的語言能力，已經算是表現傑出的了。事已至此，剩下的方法只有一個，那就是把孩子交給經驗豐富的補教老師，製造出看似精彩的多元表現。能否找到更頂尖的顧問，成為影響學生學習歷程檔案的新的變數。這正是現行大考制度強化教育不平等的機制。

那些全球領袖能夠完成自己的夢想，還能考進名校，不是因為他們特別優秀才辦得到的嗎？沒錯，他們非常特別。但是造就他們如此特別的，並非基因，而是書本。**閱讀是攻克現行大考制度最有效的方法，未來也會是如此。**

閱讀能力在現行大考制度的重要性

現行大考制度的評分事項大致分為在校成績、學科能力測驗和多元表現。如果沒有透過閱讀提高語言能力，任何一項都難以獲得高分。

在校成績

擁有優異的語言能力，猶如開著一輛性能絕佳的汽車參加比賽

學科能力測驗

低落的語言能力拉低大考分數，而優異的語言能力能提高大考分數

國中資優生升上高中後，成績一落千丈的原因，在於內容艱澀的教科書。高中教科書邏輯的複雜性、訊息量等，是國中教科書的七到八倍。語言能力低落，便無法獲得較高的在校成績。

大學學科能力測驗是以語言能力為基礎的測驗。語言能力低落的孩子，即使腦中的知識再多，也可能答錯許多問題。如果不希望考題都能看懂卻答不出來，就必須培養語言能力。

多元表現

Global Leader，等於 Global Reader

學生學習歷程檔案包含「閱讀經歷」和「校內成績」，以及需要邏輯寫作能力的論述考試，還有其他入學的方式，都需要優秀的語言能力。因為沒有優秀的語言能力，就不可能寫出精采的自傳，或是在面試中有好的表現。

◆大學入學必備的語言能力

多元表現

- 閱讀經歷
- 與創意經驗相關的閱讀活動，以此檢驗真實性
- 各種比賽獲獎經歷，如閱讀比賽、辯論比賽、論述比賽、報告寫作、小論文寫作等

自傳

- 凸顯個人差異的寫作能力
- 證明透過閱讀選定主修方向的合適性
- 未來出路計畫

面試

- 基於書面資料的面試（包含閱讀面試）
- 給定提示文的面試
- 討論面試
- 人格、適性面試

大學招生

- 論述考試
- 適性考試（包含國文科的閱讀、文學）
- 撰寫文章必需的寫作能力

第八課

兩個月提高大考成績的訓練法

適用年齡：高中

已經是高三生了，大考模擬考成績還考得比在校成績差，肯定令人難過。在校成績只要有讀就有分，然而大考並非努力準備就能拿高分的考試。不過，為了應付大學入學考試，我們還是有辦法在短時間內提高語言能力——那就是抄寫大考國文科考古題題目。原本大考國文科拿到五十分的學生，只要在兩個月內確實貫徹這個方法，就能將分數提高至六十到七十分之間。如果每天能一點一滴持之以恆，將可取得比在校成績更亮眼的大考成績。

針對大考的語言能力訓練

大學學科能力測驗國文科考古題解題	寫大學學科能力測驗國文科考題。
計分後，找出較弱的題型	找出對話文、論說文、說明文、小說、詩歌中，哪一類型的題目錯誤率較高。
選擇三個錯誤率高的題型，抄寫三次	如果說明文錯誤率較高，則抄寫說明文題目三遍；如果小說錯誤率較高，則抄寫小說題目三遍。
找其他年度國文科考古題解題	反覆練習，分數可提高五至十分。

抄寫大考題目

透過抄寫練習，孩子的語言程度將可提升至大考國文科題目的語言程度。不過這並非一勞永逸的方法，必須持之以恆練習，才能看見驚人的效果。

大考成績和在校成績提高

提升至能讀懂題目的語言程度後，大考國文科成績和在校成績也將提高。**因為大考國文科題目的語言程度，比高中課本的語言程度還高。**

進階篇

知識類圖書，強化學習力！

想提高學習成效，最確實的方法是成為熟練讀者。

熟練讀者，就像手下帶領十位料理高手的頂級餐廳主廚，不必耗費太多精力，便能輕鬆料理教科書中的內容。

要讓我們的孩子蛻變為熟練讀者，只需要三本知識類圖書。

第九章

知識不該死背，而是融會貫通

對一切感到好奇的能力

缺乏閱讀經驗的初級讀者，難以讀懂知識類圖書。如果不是對知識有強烈渴望的人，最好還是先閱讀故事書，經過充分的閱讀訓練後，再開始閱讀知識類圖書。

閱讀故事書是「發現自我」的閱讀行為。我們藉由書本能體驗他人的人生，進而對他人及自我有更深一層的認識。反之，閱讀知識類圖書則是「理解世界」的閱讀行為。我們從中了解自己身處的世界是什麼樣的地方，又為什麼變成今日的模樣。換言之，閱讀正是「發現自我、理解世界的行為」。這也是學校教育的目的。國文科是幫助我們理解生而為人的自己，其餘則是理解世界必修的科目。唯一不同的地方，在於閱讀沒有限定的範圍，而學校教育有課本這個明確的範圍。正是這樣的差異，成為學校教育根本的弱點。

教科書並非適合傳遞知識的工具，因為在有限的份量內，乘載了太多的知識。韓國史教科書裡，匯聚了韓國漫長的歷史。要把整個韓國歷史塞進不到四百頁的教科書內，結果便是重要的歷史事件羅列得密密麻麻。別說是歷史深度，就連基本的因果關係也說不清楚。自然科和社會科也是一樣。與其說教科書是一本完整的書，不如說是某種知識說明書或知識型錄。目的在於告訴人們：「這個年紀必須知道的知識就是這些。」

教科書每一章節內的各種主題，都無法深入討論。從教科書可以學到「地球是圓的」的事實，但是沒辦法知道為什麼是圓的；可以學到「突厥帝國和蒙古帝國曾經是統治歐亞大陸的遊牧民族」的史實，但是沒辦法知道遊牧民族何以能發揮如此強大的威力。

教科書中的知識大多只有「訊息」，而缺乏「原因」。然而知識本身是由原因和結果兩種要素所構成的，唯有原因和結果結合在一起時，才會形成一個小的「知識碎片」。試以下列的例子說明。

〈知識碎片形成過程示例〉

第一階段「接收資訊」：地球是圓的。

第二階段「提出疑問」：為什麼是圓的？

第三階段「追蹤原因」：地球誕生時，是一塊熔岩火球。

第四階段「闡明原因」：從地球中心向外產生強度相同的萬有引力，使熔岩變成球體。

原因與結果結合而成的知識碎片——「地球是圓的」，便是由這幾個階段構成。但是這個知識碎片並不完全，因為只有一個知識碎片無法建構完整的知識體系。

例如「第三階段『追蹤原因』：地球誕生時，是一塊炙熱的熔岩」，又是另一個資訊，還必須闡明另一個新的原因：「為什麼誕生時是火球？」第四階段也是一樣的，這裡將出現一個新的問題：「什麼是萬有引力？」繼續追蹤這兩個資訊的成因，將會出現其他更多需要闡明原因的資訊。知識正是由這樣連綿不絕的結構所組成，而這樣連綿不絕的結構有多長，彼此間的聯繫順暢與否，都將顯示這個人所擁有的知識深度。繼續追蹤這樣連綿不絕的知識下去，總有一天會回到原點。從「地球是圓的」開始，找出行星的生成原理，到小行星與流星出現的原因；而了解恆星的形成原理與恆星風後，再重新回到行星的生成。像這樣繞了一圈之後，即可在腦中種下一棵「天體形成原理」的知識樹。利用相同方式不斷在腦中種下知識樹，這些知識樹將逐漸匯聚為一片知識森林。腦中擁有茂密的知識森林、各種知識緊密相連，並且懂得用這片森林窺看世界、理解世界的人，我們稱之為「知識份子」。

或許有人會問：「我家孩子還小，需要連知識的結構都知道嗎？」如果非得有一個必須從小就內化於身體的知識，我想那會是「所有知識都由原因與結果所構成」這個事實。**懂得對所有事情提問的能力，才是孩子所能擁有的最棒能力。**

從小沒有深入理解知識結構的孩子，以及不懂得發問的孩子，不知道如何消化知識。看見新的知識，只是一味背下來，夜以繼日地吸收新的資訊。這樣吸收的資訊由於缺乏脈絡，時間一久就會忘記；即使記住了，也只是多增加一些記憶力，在其他方面沒有任何意義。

單就學習而言，沒有將知識結構內化的孩子，在面對學校課業中社會、自然科的學習時，無法有好的表現。這是因為他們缺乏對知識結構的概念，受到的訓練也不充分，只好囫圇吞棗地默背下來。這種學習當然事倍功半，既無趣又痛苦。就算孩子倒背如流，可以在選擇題拿下高分，也很可能在配分較重的簡答題寫錯。這種學習方式對於取得在校成績最為不利。

這些孩子面臨大考時，將遭遇更大的挫敗。因為在學測自然和社會科拿到的成績，必定比他們的在校成績低。前面說過，學科能力測驗不是測驗考生能記住多少課程內容，而是測驗考生具備多麼傑出的思考能力。如果無法串連各種知識，便無法順利解題。而將知識結構內化的孩子，在學習教科書的內容時，懂得提出「為什麼」的疑問，並嘗試尋找這個問題的答案。所以他們的學習更有效率、更有系統，也能輕鬆在大考中取得勝利。

不僅是學習，其他情況也是一樣的。許多成功人士隨時保持旺盛的好奇心，這裡所說的「好奇心旺盛」，是指對現象的原因感到疑惑、好奇。所以他們不斷丟出「為什麼」的疑問。他們的基本思考體系與知識結構相似，也就是原因和結果永遠形影不離。所以能夠更全面地思考自己所做的事情，積極尋找新的突破口。

令人惋惜的是，今日的公共教育沒有教會學生如何提問。教育現場只告訴學生結果，卻未用心解釋原因。這樣的教育，等於是無視知識基本結構的教育。只告訴學生結果，並命令學生「背起來」的教育，我們稱之為「填鴨式教育」。填鴨式教育最大的問題在於學生無法發展智力，智力發展不足將導致大考無法拿出好的表現。再說在學校學到的知識，也只用於考取好的大學，在其他方面毫無用處。這正是公共教育的侷限。教育制度的頻繁改革，如廢除國立編譯本教科書，改採一綱多本，或廢除大學聯考，改以學科能力測驗或甄選入學選拔學生，都是為了突破這種侷限的努力。

芬蘭教育之所以受人推崇，在於他們成功將知識結構融入公共教育體系中。有的課程在學生讀完教科書後，教師會出延伸作業，讓學生自行閱讀知識類圖書，從中尋找作業的解答；有的課程引導學生透過知識類圖書，深化教科書中學到的知識。每進行一次這類練習，孩子的腦中便種下一棵知識樹，而一棵棵樹又匯聚成一片森林。

這片森林代表的，不僅僅是孩子掌握與理解了許多知識，更代表腦中已經建立起一座處理知識的高科技工廠。腦中擁有知識森林的孩子，未來在接觸新的知識時，能夠更嫻熟、更快速地處理並分類知識。

就像故事的情節基本相似，知識的結構也相去不遠。建構過一個知識體系的孩子，也能輕鬆面對陌生領域的知識體系。語言學習也不例外，因為學習語言的過程，也是建構一個知識系統的過程。

從《龍龍與忠狗》到《宇宙．宇宙》

「老師，這本書好無聊。」

「根本不知道這本書在說什麼。」

讓孩子們閱讀知識類圖書時，總會得到這樣的回應。無論是在私人教育一級戰區的大峙洞，還是在悠閒的鄉村小鎮，結果都是一樣的。會回答「雖然不怎麼有趣，但是勉強讀得下去」的孩子，十個人當中大概不到一人吧。也就是說，能夠大致掌握知識類圖書的內容，並且耐著性子讀下去的孩子，比想像的要少得許多。

據說有一間知名的連鎖論述補習班，讓學生大量閱讀知識類圖書。和故事書的比例低則五比五，高則七比三。然而真正讀懂知識類圖書的孩子屈指可數。孩子們通常不閱讀，而是聽補習班講師的說明，權當讀完指定讀物。這種方式當然看不見任何效果，反倒讀故事書的效果更好。

孩子們之所以無法讀懂知識類圖書，主要有兩個原因：首先是沒有興趣。他們從小學到「掌握資訊的結論等於掌握知識」的錯誤想法，因而對現象的前因後果毫無興趣。如此一來，知識類圖書吸引不了他們，他們也因為無趣而不願意閱讀；由於沒有閱讀，自然缺乏閱讀訓練。既沒有興趣，又缺乏閱讀知識類圖書的訓練，要讓這些孩子閱讀知識類圖書，無異於登天。但是千萬不可讓孩子放棄閱讀知識類圖書，因為只要能確實理解吸收的話，即使只讀過一本知識類圖書，也能看見驚人的效果。我常對國中的孩子們這麼說。

「不管你要讀十遍還是百遍，只要熟讀一本薩根（Carl Sagan）的《宇宙・宇宙》（*Cosmos*）這種書就好。那樣的話，你一定可以進名校。」

我敢這樣打包票，是因為親眼見證過讀熟一本知識類圖書對學習能力帶來的巨大影響。

我很能體會孩子們讀書讀不好的心情，因為我就是從小學習嚴重落後，甚至被當成學習遲緩兒。說來慚愧，國小六年來，我在班上永遠是吊車尾。這並不是誇飾法，而是真的如此，我一直是班上那個最不會讀書的孩子。國小畢業時，我連英文是什麼都不知道，甚至連九九乘法都背不好。

學習表現不好的孩子，通常不認真寫考卷，總是隨隨便便交差了事。大人們常認為這樣的孩子是缺乏學習熱誠，或是刻意唱反調。我的父母和導師也是如此。和我面談過後，他們的解釋是「這孩子的智力沒有特別差，就是不想學習」、「因為無心學習，所以連考卷題目都懶得看」。

每次聽到他們這麼說，我幼小的心靈不禁感到氣餒，「原來我真是個笨蛋」。其實我沒有認真把考卷題目看到最後，是因為我怎麼看也看不懂題目的意思。這都是因為語言能力太低，我連讀懂題目都有困難。

後來多虧經過幾次契機，我才能擺脫遲緩兒的狀態，變成懂得閱讀的孩子。第一次契機發生在國小五年級。由於我當時毫無心思學習，所以父母不得已把我關在家裡。學校下課後我必須馬上回家，回家後立刻被關在房間裡。當時私人教育並不盛行，父母也不知道該如何教導我學習，只好選擇把我關在房裡。當然，我也沒有認真學習。可是房間內只有書桌和床，也沒有什麼好玩的。

於是我偷偷在空白練習本上畫畫，打發無聊的時間。半年以來每天塗鴨三、四個小時，繪畫實力大幅進步，甚至因此在美術課上嶄露頭角，真令人哭笑不得。當時老師正選拔代表班上參加素描比賽的學生，我是最終入圍的三個候選人之一。老師將美術課上的素描擺出來，讓同學們投票選出班級代表，而我以壓倒性的票數拿下第一名。但是我並沒有成為班級代表，因為老師不顧投票結果，決定讓第二名的資優生出賽。豈止如此，那段時間我也因為不會讀書，遭受不計其數的懲罰和委屈。我在補習班工作時，看見學習表現不好的孩子，總覺得特別親切，想盡全力幫忙，想來也是因為小時候的經驗造成的吧。

無論是因為素描比賽事件，還是因為長時間塗鴉的緣故，總之我也逐漸失去了對塗鴉的興趣。如今真的無事可做了，只剩下大把時間和我一個人。那時候映入我眼簾的，是多達三百本的文庫本青少年名著。那是曾經擔任銀行行員的父親，向從事出版業的客戶賤價買來的，在此之前，這套名著不過是擺在客廳的裝飾品而已。我開始瞞著母親一本一本拿下來讀。

其實一開始的一兩個月，與其說是閱讀，不如說是瀏覽書本。從現在的標準來看，那些書大約是國小五、六年級的程度，對於從沒真正讀過「書本」的我而言，簡直難上加難。只好第一頁先大致讀過，接著往下一頁一頁翻面，如果出現有趣的插畫，就在那一頁多讀幾句，用這種方式瀏覽整本書。

在瀏覽書本的過程中，我遇見了「人生之書」——那正是韋達（Ouida）的《龍龍與忠狗》（*A Dog of Flanders*）。原本我翻開這本書的時候不抱任何期待，不料卻深受吸引，一口氣從頭讀到尾。真是非常難得的經驗，就像現實世界的時間全部暫停，而我走進故事中的時間，直到故事結束才出來的感覺。這個故事太令人難過，我哭到雙眼紅腫，整整一週都無法從悲傷中走出來。我第一次知道，書本也可以這麼有趣。

之後，我開始一本一本的讀。在國小畢業之際，我幾乎讀完了三百本書。接著在六年級下學期時，發生了一件稀奇的事，我收到的成績單上，出現了一個「優」字（九十分以上）。

雖然只有國語一科拿到「優」，不過我從來沒有認真學習，卻仍拿到國小一年級之後就沒有看過的「優」。如今回想起來，肯定是因為那三百本書，讓曾經是學習遲緩兒的我，語言能力提高到高於同儕平均水準的程度，才能在國語科拿到「優」。但是當時我並不知道。無論如何，我成了至少能閱讀理解教科書，也懂得閱讀的人了。

第二次契機發生在即將升上國中的寒假。當時父母堅持不肯買書給我，認為「讀課外書能當飯吃嗎？」我對於買書的欲望，也沒有強烈到願意花零用錢買的程度，甚至不知道圖書館是什麼，從沒想到有能借書來讀的地方。取而代之的，是銀行行員的父親每個月帶回來的一疊客戶專用雜誌和手冊。然而在這些資料中，有一本非常薄的學習經驗談。我不是很確定書名，依稀記得是《我也辦得到》。裡面收錄了十二位首爾大學合格生的經驗談，全都是國小甚至到國中為止，還像我一樣不會讀書，卻在偶然間因為某個契機而對學習產生熱情，最後學習表現越來越好的故事。我一頁一頁翻讀下去，腦袋像是被槌子重重一擊。人生至今十三年，我從未想過自己有一天可以成為資優生。過去我以為會讀書的孩子特別不同，然而在這本書中，那些從不會讀書到成為資優生的人的故事，卻是那樣充滿說服力，令我震驚不已。當時我心想，「如果那些像我一樣的笨蛋，能在某天忽然變成了資優生，那我是不是也辦得到？」

我按照那本書最後一章的說明，買來手冊寫下自己的目標。我的目標是進步到全班第五名。一開始寫下目標的時候，連我自己也笑了出來。在超過六十個人的班級中永遠敬陪末座的我，想要擠進全班前五名，這句話大概連路過的狗聽了都會笑。但是我勉強忍住對自己的嘲笑，不分晝夜地將目標寫在手冊上。有時換句話寫，像是「我要拿下全班第五名」、「我要拿到平均九十分以上」，只要有時間就寫下來，日思夜想。那本書上說，要寫到真的相信自己能達成目標。我想反正我也不學習，就當做被騙一次也無妨。

那年寒假什麼事也沒做，只是把目標寫在手冊上。整整兩個月，每天只想著「全班第五名」。想不到那本手冊竟是本魔法書，國中開學後，我對自己的目標產生了巨大的信心。開學第一天，我知道自己在編班考試中，拿到六十三人中的第六十一名，也接受了老師近乎蔑視的面談。不過沒關係，不管老師瞧不瞧得起我，反正我是要進入前五名的人。進入全班前五名的同學是人類，拿到第六十一名的我也是人類，同樣是人，能力又會差到什麼程度呢？只要把教科書全部背下來，不就行了嗎？

我把教科書和參考書疊在一起，寫下我的學習計劃表。只要根據這份計劃表，任何一個笨蛋都能把教科書的內容塞進腦袋裡。我也確實每天按照計畫表學習。多虧了國小被關禁閉的那段時間，讀了三百本青少年名著，才能在這個階段發揮威力。曾經連考卷都看不懂的我，如今竟能游刃有餘地閱讀理解國中課本。計劃表上，密密麻麻畫滿達成小目標的圓圈。「再堅持下去，肯定可以達成目標吧！」一想到這裡，胸口不禁撲通撲通地跳。越靠近考試，越覺得自己真要闖出一番大事了。

後來在第一次的期中考，我拿到了第四名。腦中像是鞭炮炸開一樣。我從一個被瞧不起的學習遲緩兒，變成了將全班平均拉上來的人生勝利組。這次的經驗，帶給我十足堅強的信心，我從此堅信「只要努力，沒有什麼辦不到。」

然而在國二上學期期中考期間，發生了意想不到的事。某天晚上我正要去廁所時，忽然暈眩倒地，被送往醫院。經診斷是結核性腦膜炎。整個身體被結核桿菌鬧得天翻地覆，不只是腦袋，我的肺部和肋膜也嚴重發炎。醫生無法保證可以治好，即使醫治好了，能否維持正常的身體功能，依然是未知數。就算是最樂觀的情況，要完全治好也得花上六、七年的時間。如果到高中畢業還得接受治療，大考事實上等於泡湯。

我在醫院接受了五個多月的治療，每天打三十多次的抗生素，前前後後動了三次手術。

在分不清白天黑夜的朦朧狀態下，多次見證了死亡：到昨天還躺在隔壁病床上的女生，某天忽然因為腹膜炎引發臟器破裂而離開人世；在醫院走廊上見過幾次面的腦性麻痺女孩，總是一副病懨懨的樣子，不久後也撒手人寰。那時沒有什麼感覺，我只希望趕快逃離這個令人厭煩的住院生活和疼痛。

直到後來出院，重新回到校園，經過一段時間後，我才重新回想起那些死亡。當時所有人將我視為一碰就碎的陶瓷，所有活動都將我排除在外。不僅不必上體育課和軍訓課，只要我願意，隨時都可以提早放學。我也經常到學校只露個臉，再到醫院接受治療。每次看見醫院的建築，總有種異樣的感覺。曾經待在同一間病房的人，如今已不在人世，這件事常令我感到不安。那時，我心中出現有生以來最強烈的好奇。

「為什麼所有生物都難逃一死？」

「什麼是『活著』？『死亡』又是什麼？」

「為什麼世界是這個模樣？」

過去我身上看不見任何一絲好奇心，只要勉強過得去的，大多「不求甚解」，然而當時浮現在我腦中的疑問，我卻怎麼也無法忘懷。問了幾位長輩，他們的反應只是「你這乳臭未乾的小子以後就會知道了」。那正是我國三時，也是我第一次踏進書店大門的原因。在書架間瀏覽的我，選了兩本天體物理學的書走向櫃臺，分別是保羅・戴維斯（Paul Davies）的《上帝與新物理學》（*God and the New Physics*）和薩根的《宇宙・宇宙》，並且將我所有零用錢花在這兩本書上。因為這兩本書的書名和前言，像是在對我呼喊著「我們可以解開你的疑惑」。但是我翻開書本閱讀後，卻怎麼也無法理解書中的內容。從國三到高一足足兩年的時間，我都是在閱讀這兩本書中度過。雖然讀不懂《宇宙・宇宙》，但是至少讀了有十遍吧。

高一時，我又動了一次手術，短暫住院後，仍必須定期就醫。當時因為種種因素，我沒有上大學的想法，學習狀態完全陷入谷底。在校成績為最差的等級。在我決心要進大學的時候，已經是高三暑假前了。除了因為即將畢業，內心逐漸感到緊張，也因為我的學科能力測驗模擬考和全國論述模擬考的成績，考得比預期中的要高，心裡有了再挑戰一次的想法。尤其論述模擬考成績進入全國前二十名，連我自己也嚇了一跳。

我從高三暑假開始全力衝刺學業，並且擬定了一個自殺式的計畫，要在四個月內趕上高中三年的課業。我每天瘋狂地讀書，讀到晝夜不分。雖然這個計劃能夠短時間內快速追上高中課業，卻也是相當吃力的計畫，甚至到了學測當天早上，我還在準備沒能完全讀完的內容。或許是因為沒日沒夜地學習，我在寫第一堂國文科的考卷時，忽然流出鼻血，嚇得不知所措。這段回憶至今仍印象深刻。在校成績敬陪末座的我，在大學學科能力測驗中進入全國前百分之四，並且順利通過各大學筆試和論述考試，成功錄取位於首爾的兩間大學，最後進了我理想的大學。

順帶一提，我並非智力過人，記憶力也極差，甚至性格有些冒失。但是我能在四個月內讀完高中三年的課業，原因何在？我相信這是因為讀了薩根的《宇宙．宇宙》。《宇宙．宇宙》是一本近四百頁的天體物理學鉅著，探討宇宙一百三十七億年的歷史。這本書的訊息量，遠超過小一至高三所有科目教科書的總和，難度也高出高三教科書許多。這本書我讀了將近十遍。和《宇宙．宇宙》相比，高中教科書要簡單得太多，必須學習的知識量也是小巫見大巫。

當然，我的求學過程算是特例，與一般人不同。我投入學校課業的時間，只有國一的一年和高三的六個月。這種方式絕對無法順利通過現在的求學階段。但是我之所以分享自己的故事，是因為這個例子可以說明一本知識類圖書的威力，能夠發揮到何種程度。我在整個求學階段，除了《上帝與新物理學》和《宇宙·宇宙》之外，還讀了幾本佛洛姆（Erich Fromm）的哲學書。我前前後後讀過的知識類圖書，加起來不超過十本。我認為在這不到十本書當中，我的九成知識處理能力都是靠一本《宇宙·宇宙》培養出來的。在反覆閱讀《宇宙·宇宙》的過程中，我體驗了將這本書中的知識結構放進腦中的感覺。這表示我的腦神經可塑性，已升級至「能學習《宇宙·宇宙》知識體系的狀態」。

全球知名科學哲學家，同時也是劍橋大學講座教授的張夏碩，曾說過自己國三時精讀《宇宙·宇宙》數遍。這種閱讀經驗想必練就了他成為世界級學者的基礎能力。就常理來看，也是非常理所當然的結果。因為對於能精讀程度超出高中教科書許多的知識類圖書的孩子而言，教科書是再簡單不過的書。要花六個月還是一年都無妨，**只要在國中畢業之前，按部就班讀完一本知識類圖書就行。如此一來，將可輕鬆理解高中教科書的內容**。這個方法對於像我這樣資質極差的人，都能產生驚人的效果，如果應用在我們孩子身上，就更不用說了。

知識類圖書迷無法練習而成

精讀一本知識類圖書，可以發揮極大的威力。透過閱讀學到的知識，反倒是次要的收穫。重點是在理解大量的知識並互相串連的過程中，在孩子的腦中建立起專門處理知識的「光纖通信網路」。這個光纖通信網路性能絕佳，只要在腦中成功建立起來，就能在學習知識時發揮強大的性能。光是閱讀一本知識類圖書，就有如此效果，更何況是讀十本、一百本，那會是什麼樣的結果呢？

其實我沒有親眼見過這種情況，不過我敢保證，精讀十本以上《宇宙．宇宙》程度的知識類圖書的學生，全國加起來不超過〇．〇一％。儘管如此，生活中仍能輕易見到這類案例。任何一位以優異智力創下驚人成就的偉人，只要閱讀這個人的成長故事，就能看見類似經歷。知識類圖書迷幾乎都出現在這裡。

和我這樣勉強咀嚼極少量知識類圖書的人不同，知識類圖書迷的閱讀方式與眾不同。他們幾乎不重複讀同一本書，大部分只讀過一遍。即便如此，他們仍能近乎完美地吸收書中的知識，就像讀過數遍一樣。之所以能發揮這樣的神力，多虧了他們從小按部就班大量閱讀知識類圖書。由於具備廣泛且扎實的基礎知識、高水準的語言能力、對知識結構的深刻理解，所以無論閱讀什麼內容的知識類圖書，都能有如神助般洞見書中的內容。

知識類圖書迷好比巨大的鯨魚吞下海水般，不停吸收新的知識。他們堅信每天必須吸收新知做為養分（不管這個新知將如何應用），才能繼續存活下去。於是他們獲得了更強大的光纖通信網路、超乎常人的知識，以及洞察世界的目光。成長到這個地步，學業將不再是令人困擾的問題。因為他們大多已經學會教科書中的知識，即使是未知的知識，也是輕而易舉就能學會。在學習表現上，他們幾乎等於超能力者。

在我們的校園中，知識類圖書迷正隱身在某個角落，不過幾乎可以說是瀕臨絕種動物。因為我們的教育現實，並不適合他們生存。所以我現在要告訴各位的，將是關於遠方那座美好的桃花源。如果家中子女還小，請特別用心閱讀這個章節。

知識類圖書迷大致分為四種類型，這四種類型的界線並不明確。第一種類型可能具有第二、第三種類型的特徵，第三、第四種類型也可能具有第一種類型的特徵。對這些類型的分析，將有助於引導孩子成為知識類圖書迷。因為只要了解成為知識類圖書迷的原理，父母就能避免在孩子表現出閱讀的熱忱時，破壞了他們熱愛知識的幼苗。

這裡還要再強調一點，知識類圖書迷無法練習而成。勉強絕對無法成功。強迫孩子辦到，只會造成更大的副作用。

◆類型一：文字上癮型

文字上癮型不分書籍的種類，只要在眼前的書都能讀。簡單來說，就是圖書館書架上從A到Z的書，每一本書都能從頭讀到尾的類型。發明大王愛迪生、微軟創辦人比爾·蓋茲、號稱「改變世界的科技狂人」的特斯拉CEO伊隆·馬斯克（Elon Musk）等人，都屬於這一類型。

要把整座圖書館的書讀完，需要大量的時間和過人的熱忱。愛迪生國小遭到退學，因而獲得許多時間與精力；比爾·蓋茲曾經發了瘋似地在圖書館讀書，父親以為兒子精神異常，抓著比爾·蓋茲上醫院接受治療；馬斯克手不釋卷，即使朋友們來家裡玩，也依然獨自沉醉在書本中，最後他在進入青少年期之前，讀過的書籍已經超過萬本。不論成長歷程如何，這些讀遍圖書館兒童書區的孩子，以及閱讀量在這之上的孩子，最終成為了超越眾人想像的人才。

圖書館兒童書區的擺設，和成人使用的文獻資料室書架大同小異。歷史、科學、哲學、社會、政治、文學等，各領域的書籍琳瑯滿目，應有盡有。唯一不同的地方，在於兒童書區書本符合兒童的程度。符合兒童的程度不代表幼稚，這個世界上不存在幼稚的文學、幼稚的知識，那些不過是用言簡意賅的語言耐心說明困難、複雜的知識而已。因此，讀遍圖書館兒童書區的藏書，等於將世界上各種知識在腦中數位化。

假設有個孩子熟讀兒童書區的全部歷史書。閱讀同一領域的多本書籍，代表反覆深化學習該領域的知識。讀完一本韓國通史，孩子便能大致掌握韓國史的發展脈絡。然而圖書館內收藏的韓國通史書，至少超過數十本。雖然書中乘載的知識大同小異，不過每本書的觀點稍有不同，強調的內容不同，敘述方式也各不相同。所以閱讀多達數十本的韓國通史書，等於從各種觀點反覆學習數十次韓國通史的知識。在此過程中，孩子獲得的知識更加立體、廣博，與背下教科書所學到的知識截然不同。

第一次閱讀通史時，一切都是新鮮事。孩子們一邊感嘆「原來檀君王儉建立了古朝鮮」、「原來在高句麗時代，有一位名叫廣開土大王[14]的人」，一邊接觸新的知識。這種閱讀通史的行為，便是和韓國史這門新知的初相遇，就像對韓國史說：「你好，很高興見到你。」

第二次閱讀通史時，則從不同的觀點、不同的敘述方式重新學習相同的知識。檀君王儉再一次建立古朝鮮，廣開土大王再次征服北方。孩子一邊強化在第一次讀通史的過程中學到的知識，一邊將錯漏的知識重新輸入腦中。第一次閱讀時，只知道李舜臣將軍活躍於壬辰倭亂[15]；第二次閱讀時，知道壬辰倭亂爆發的時間是朝鮮中期，五十年後又發生了名為「丙子胡亂」[16]的戰爭。韓國史這塊巨大的知識拼圖，開始一片片拼湊起來。

像這樣讀完六到七本韓國通史後，孩子將對韓國史知識爛熟於心，下一章會出現什麼樣的內容，已經了然於胸。除此之外，他們也將發現每本書都帶有不同的觀點。讀完二十本、三十本後，甚至能深入掌握歷史事件之間的關係。整個韓國通史的知識體系，已經在孩子的腦中完整建立起來。現在起，孩子自己需要的時候，隨時都能從腦中取出這個知識。甚至自己不需要的時候，也會從腦中迸出來，因為韓國史知識已經內化為自己的一部分了。

14. 韓國高句麗王朝第十九代國王，西元三九一年至四一二年在位，在位期間積極擴大國家版圖。
15. 指豐臣秀吉於一五九二年至一五九八年入侵朝鮮的事件，臺灣稱萬曆朝鮮之役，日本稱為文祿・慶長之役。
16. 指一六三六年清朝皇太極率兵攻打朝鮮的事件。

從知識提供思考的素材這點來看，知識的內化既是孩子的一大優勢，也是極大的成長。

假設父母開車載著孩子經過漢江，河面上的遊船映入眼簾。偏偏這時路上塞車，百無聊賴的孩子便可能想起曾在哪裡看過的龜船[17]。或許還會憑空想像出一場戰爭，讓龜船駛入漢江攻擊遊船呢。這麼一來，孩子又想起龜船奇特的外型，開始好奇「龜船為什麼覆蓋著像龜甲一樣的蓋子呢？」接著再出現這樣的想法：「龜船是戰船，當然是為了增加戰鬥力吧。可是有龜甲的戰船，為什麼在戰爭中就有利呢？」這些疑問自然聯繫到古代海軍的戰爭方式。因為必須了解戰爭方式，才能知道為什麼龜甲有利於戰爭。但是孩子不知道古代海軍的戰爭方式，只能在自己所知的知識範圍內思考。他們看過的海上戰爭，大概只有《神鬼奇航》等電影中的場景。海盜在掠奪遊船時，主要利用梯子或繩子攀爬至對方的船上。但是如果有龜甲的話，無法像那樣爬進船內。仔細觀察龜船，可以看見龜甲上插著許多直立的長錐。

現在，謎團終於解開了，龜船上的龜甲是為了阻擋敵軍爬進我方的船上。這裡還可以進一步延伸思考：「試圖用龜甲阻擋倭軍爬上船，代表倭軍擅長船上的戰鬥。但是同樣是軍隊，為什麼倭軍更擅長在船上戰鬥呢？」孩子試著在腦中搜尋書上讀過的戰鬥知識，想起了「中國的主要武器是槍，韓國的主要武器是箭，日本的主要武器是刀」。孩子再次陷入思考。

假設朝鮮船和倭船碰面，朝鮮方射箭，可能不會有太大的效果。因為倭軍藏身在木頭桅杆後或船艙內，就能躲避射來的箭，再趁機跳上朝鮮船的船身，順利登上船。擅長用刀的倭軍，最終輕而易舉打敗了朝鮮軍。但是為什麼倭軍用的是刀，不是槍呢？孩子想了想，答案是船上的空間較狹窄。揮舞長槍容易東磕西碰、絆手絆腳，短小的刀子當然更有利作戰。

如果孩子腦中已經建構一個完整的知識體系，便能像這樣反覆思考。而在反覆思考的過程中，孩子將知識完全內化為自己的一部分。這些知識不再是脫離現實的書本知識，而是和自己的思維合而為一，成為活的知識。在閱讀其他類型的歷史書籍時，這個知識又將再次強化，並且發展得更為細緻。當孩子熟悉時代背景後，再讀到世宗大王和廣開土大王等偉人的傳記，或是關於歷史遺跡的書籍時，各種知識將彼此產生聯繫而更加穩固。等到讀遍兒童書區的歷史書時，孩子已經具備接近專家等級的知識體系了。這代表的不僅是擁有豐富的知識，還有更深一層的意義，那就是孩子腦中的大量訊息互相聯繫，建構出一個錯綜複雜的知識體系。更不用說大幅提升知識處理能力了。

17. 壬辰倭亂期間，李舜臣將軍在戰船上覆蓋類似龜甲的金屬片，名為「龜船」，用來對抗日本倭軍。

利用這種方式，讀遍文學、科學、社會、政治、哲學等各個領域的書籍，如此一來，孩子可以信手拈來的思考素材將逐漸增加。知識越多，眼界越廣。腦中已經建構歷史知識體系的孩子，他們閱讀的文學作品和其他孩子閱讀的文學作品截然不同；而通讀歷史與文學書籍的孩子，他們閱讀的科學書籍也與其他孩子閱讀的科學書籍大不相同。世界上各個領域的知識，已經在這些孩子的腦中形成一個網絡，因此他們眼中所看見的世界，與其他孩子看見的世界截然不同。他們可以利用自己的知識網路來解釋世界上的一切，並且透過解釋的過程強化知識。換言之，他們才是真正意義的整合型人才、放眼世界的知識份子。

當這些孩子閱讀教科書時，教科書不過是從自己的知識網絡中抽取出已經建構完成的部分內容而已，而且教科書的語言程度也並不困難。只要讀過一遍教科書，就算結束學習了。需要特別準備的科目，只有數學和英文而已。不過即便如此，這兩個科目也能立刻解決。因為孩子的知識處理能力，已經遠遠超過英文課本的知識體系和數學課本的運算程度。

讀完整座圖書館的人，是真正的天才。孩子的聰明才智不是天賦異稟，而是源於異於常人的閱讀慾。就像運動成癮者沒有運動便渾身不自在，這些孩子一日不讀書，便覺心裡奇癢難耐。所以他們隨身攜帶書本，甚至無法閱讀書本時，連廣告招牌或產品說明書也不放過，只有這樣才會舒服一些。這正是聰明才智的關鍵之處。唯有對知識的強烈渴望，才能像這樣讓人瘋狂閱讀。

◆類型二：探索型

探索型是受好奇心驅使而閱讀的類型。如果說文字上癮者是扇形閱讀，探索型則是線性閱讀。例如韓國最年輕的博士宋幽根，據說他兒時覺得風相當神奇，大量閱讀風的相關書籍後，開始對利用風力的遊艇和帆船感到困惑，接著大量閱讀關於遊艇或帆船的書籍，並進一步對航海技術產生好奇。探索型便是這樣在好奇心的驅使下閱讀。他們在滿足好奇心的過程中累積知識，並且在累積知識的過程中產生新的好奇。這種閱讀方式本身，就像「知識的結構」一樣。

探索型的閱讀態度具有積極性。因為閱讀的原動力在於好奇心，所以他們在閱讀的同時，腦中不斷浮現「為什麼？」、「怎麼辦到的？」的問題。如此積極地提問，提高了閱讀時啟動的思考量，也更能深入吸收書本中的知識。他們所閱讀的每一本書，都能達到極大的效果。此外，探索型有時也會展現驚人的閱讀神力，能閱讀比自身語言能力高出幾個層次的書籍。

假設他們好奇的是「現代機械文明從什麼時候開始」。孩子可能透過童書，學到「機械文明的起點，始於詹姆斯．瓦特發明蒸汽機」的事實，只是這樣並不能滿足他們的好奇心。在閱讀的過程中，他們知道除了瓦特之外，還有許多人挑戰發明蒸汽機，並且對於這個事實產生疑惑：「過去從來沒有人發明過蒸汽機，為什麼偏偏在這個時候有這麼多人想發明？」在解決這些疑問的同時，孩子將跳脫童書的侷限，開始接觸自己的語言能力可以負擔的書籍，將閱讀的視野拓展到青少年圖書，甚至是適合成人閱讀的圖書。在此過程中，孩子逐漸具備超越同儕程度的優秀語言能力與知識，以及習得知識的能力。光是這樣，孩子就能成為輕鬆解決課業學習的強者。如果孩子的好奇心接二連三持續下去，最終他們將會像文字成癮者一樣，廣博而深入地累積各個領域的知識。

其實檢閱學習歷程檔案當中的閱讀經歷，就是為了透過探索型閱讀人的線性閱讀，也就是他們讀過的書籍目錄，了解孩子的知識好奇心刻畫出什麼樣的成長軌跡。孩子們一般只把高中生必讀書目寫進閱讀經歷裡，所以首爾大學入學處處長一再強調，大學方並不是要看學生讀了多少本年度推薦書籍，而是要看「學生知識形塑的過程」。

◆類型三：痴迷型

痴迷型和文字上癮型、探索型，合稱知識類圖書迷的三大類型。如果說文字上癮型是八面玲瓏，探索型是知識探險家，那麼痴迷型則是只掘一口井的特定領域專家。

所有孩子天生就具有痴迷型的基本特質，因為每個孩子都有他們感興趣的領域。有的孩子喜歡機器人或飛機，也有的孩子喜歡恐龍或火山。但是大部分的孩子在成長過程中，逐漸失去了原本的好奇。原因在於大人將孩子的好奇心視為無用之物，或是認為他們不應該只偏好某一領域。

假設有個孩子特別著迷於金錢。不到十歲的年紀，已經開始閱讀經濟書籍，只對投資或創業、股票等感興趣，甚至不願拿其他書來看。面對這個情況，父母自然會感到憂心。「小小年紀滿腦子只想著錢和怎麼賺錢！現在就開始學習賺錢，根本沒有意義。」父母對於資本主義重中之重的金錢，都是這樣的態度了，更何況孩子如果喜歡的是恐龍或機器人、流行時尚，恐怕父母們只會嘆氣連連，嘴裡自然而然吐出這樣的話：「如果有時間讀那種書，倒不如去背英文單字。」

大人眼中再怎麼看來沒有意義的領域，只要孩子擁有一個能沉迷其中的興趣，那才是最重要的，即便那個知識看起來毫無用處。因為那樣強烈的興趣，將成為孩子閱讀知識類圖書的動力，並且進而帶領孩子突破語言能力的侷限。

假設有個孩子非常喜歡機器人，整天只讀機器人相關的書籍。只要父母盡可能提供孩子需要的書，這個孩子總有一天將會讀完市面上出版的所有機器人書籍。當孩子對機器人的興趣越來越濃厚，直到無法停下時，他將有兩條道路可以選擇，一是將自己的興趣延伸到機械工程，拓展自己的興趣，二是繼續鑽研程度高於自身年齡的機器人工程書籍。真正的痴迷型，他們閱讀的視角必然是同時向這兩個方向延伸的。他們一邊學習機械工程，一邊閱讀難度較高的機器人工程書籍。當然，有機器人出現的故事書也包含在內。像這樣在國中畢業以前讀完青少年圖書，甚至讀遍成人程度的書籍後，孩子將具備遠遠超越同儕的語言能力。把機器人這個特定領域的知識體系，消化吸收至接近專家等級的孩子，自然不覺得高中課業學習有多大的困難。

痴迷型還有另一項長處，那就是他們強烈的興趣孕育出強烈的夢想。這是偉人的另一個共通點。建立中國共產黨政權的毛澤東，是著迷於革命家、英雄傳記的英雄迷；世界第一的投資專家巴菲特，是從八歲開始通讀經濟、投資、股票書籍的金錢迷；著名天文物理家薩根則是外星人迷。

只要孩子有願意沉迷的興趣，不管那是什麼，都請以歡喜的心為他們加油。是天馬行空的事情也好，不賺錢的工作也罷。只要孩子沒有失去熱忱，就能自我發展。大考這種程度的難關自然能輕易解決。

◆類型四：活用型

活用型是將書本視為某種使用說明書的類型，也就是為了學習某些事物而閱讀的類型。決定學習圍棋，就先閱讀棋局理論書籍；買了新的電腦，就研讀電腦理論書籍。與其餘三種類型都在國小低年級便顯現其特徵不同，活用型的特徵一般要到青少年階段才會出現。因為大多數實用理論書，都是以成人為讀者。

活用型也像其他三種類型一樣，擁有優異的語言能力。由於他們的閱讀以實用資訊為主，所以雖然沒有大量累積課業相關知識，也幾乎沒有達到拓展世界觀的效果，不過鍛鍊金頭腦的效果相當大。因為他們的閱讀有目的性，就像閱讀使用說明書一樣，能詳細記住具體的資訊。

為了盡善盡美地記住書本內容，活用型付出了萬全的準備。唯有如此，才能在實戰中發揮實力。他們有時將重要的部分標示起來，反覆閱讀，有時視情況需要，將重要的部分另外整理後背下來。對於活用型而言，閱讀等於是將書中資訊詳細整理下來並通盤掌握的訓練。這樣整理掌握下來的知識，能立刻在實戰中應用。例如他們學習圍棋時，能立刻活用棋局理論書籍中的技巧；學習電腦時，也能立刻活用在電腦相關書籍中累積的知識。

在此過程中，活用型一邊檢視自己對哪些部分理解錯誤，又有哪些部分沒能掌握，一邊進行補充閱讀，以填補自己缺乏的知識。如此一來，掌握書中資訊的能力持續提升，而這威力之大超乎想像，能在課業學習上發揮驚人的效率。

知識類圖書迷的類型並非固定，探索型可能具備文字上癮型的特徵，而癡迷型也可能像活用型一樣閱讀。除此之外，還存在各種五花八門的類型。但是無論是哪一種類型，都有一個不變的共通點，**那就是知識類圖書迷的誕生必須仰賴自發性，而自發性的行為源於好奇心**。文字上癮型對世界上的所有知識感到困惑；探索型追逐心中不斷湧現的好奇；癡迷型對於自己沉迷的領域有著活火山般的熱情；活用型希望更深入認識自己即將涉足的領域。

然而孩子們好奇心的幼苗，常在父母一句「這些知識是你要知道的，去讀這些書」、「這套是你這個年紀一定要讀的百科全集」的瞬間枯萎。自發性與好奇心永遠形影不離。

利用網路百科擴展知識體系

順著網路百科辭典的說明一步步探索下去，將可迅速掌握特定領域的知識，也能提升知識處理的能力。利用學校課程內容練習這個方法，不僅能提高成績，也有助於閱讀知識類圖書。這個練習本身，更是最棒的大考準備方式。

步驟	**說明**
一、選擇最初的關鍵字	準備學校課業或閱讀知識類圖書時，如果出現無法理解或感興趣的特定知識，不妨在網路百科辭典上搜尋關鍵詞。
二、閱讀摘要為主	在網路百科辭典檢索結果的上方，有一段話整理相關知識的「摘要」。**能夠閱讀理解整篇介紹當然是最好的，不過初級讀者無法一次完全理解。這時主要閱讀摘要就好。**
三、從摘要中搜索無法理解的概念	閱讀摘要時，有些敘述可以理解，有些無法。找出無法理解的敘述，重新在網路百科辭典上搜索。

四、重新選擇新的關鍵詞

如果需要解答的內容是「地殼運動」、「地下核試驗」等特定的關鍵詞，這時主要閱讀百科辭典的摘要即可。不過如果是像「地球表層下的振動」等概念時，必須類推出有助於理解的關鍵詞來檢索。

舉例來說：

步驟一 搜尋關鍵字「地震」。

步驟二 在網路維基百科查詢到「地震，是地球表層或表層下的振動所造成的地面震動，可由自然現象如地殼運動、火山活動及隕石撞擊引起，亦可由人為活動如地下核試驗造成」等資訊。

步驟三 從文章中找到無法理解的概念，如「地球表層下的振動」、「地殼運動」、「地下核試驗」。

步驟四 更換關鍵字後繼續搜尋、閱讀摘要，如：搜尋「地球表層下」↓搜尋「外核」、「內核」、「地函」、「地殼」↓搜尋「地函對流」……。

第九課 搭配網路百科辭典的知識類圖書閱讀法

適用年齡：國中以上

這是一天讀兩頁，全書約四百頁左右的成人知識類圖書，在一年內完全理解的閱讀法。成人知識類圖書的困難度與資訊量都高出高中教科書許多，在按部就班閱讀成人知識類圖書的過程中，孩子的語言能力將達到飛躍性的發展。即使是成績排名中段的學生，只要花費一個月的時間，所有科目成績都將有所進步；如果是國一生，三年來持續以這種方式閱讀三本書，那麼日後面對高中課業必定如魚得水。

閱讀時，必須抱持「每天讀完的兩頁要完全理解」的態度。當然，因為書本內容較難，必然有些部分讀再多次也無法理解。這些部分不妨另外標示起來，在讀完整本書後，重新回過頭來讀。這種閱讀法可以從國中一年級開始推動。

一年閱讀計劃

選定一本 成人知識類圖書	必須是孩子有興趣的領域的書籍。
反覆閱讀前言	充分理解前言。抄寫前言也是一個好方法。
鉅細靡遺閱讀全書	一天花費一小時，按部就班閱讀兩頁。無法理解的部分和句子務必標示起來。讀完整本書後，或是在閱讀過程中，透過網路百科辭典搜尋陌生的單字或概念。
檢討無法理解的部分	讀完整本書後，重新重點閱讀無法理解的部分。

每天閱讀兩頁知識類圖書

每天撥出一小時的時間，閱讀兩頁知識類圖書。**閱讀時，必須抱著「要將當天閱讀的份量內化為自己的東西」的態度。**反覆閱讀兩頁，或是將關鍵內容另外整理在筆記本上，也是不錯的方法。

搜尋網路百科辭典

出現陌生的單字或概念時，試著利用網路百科辭典掌握其正確意義。

第十章 熟讀知識類圖書，強化學習力

以前的好奇心都去哪裡了？

按部就班閱讀一本知識類圖書，其威力是相當驚人的。只要澈底讀完一本，學習力便能達到飛躍性的發展。讀到這裡，或許有些父母會暗自決定：「從今天開始，得讓孩子讀知識類圖書才行。」然而用這股衝勁逼迫孩子時，結果百分之百會失敗。只要孩子不是自發地拿書來看，無論父母採用什麼手段，都無法讓孩子閱讀知識類圖書。如果父母一意孤行，孩子將會厭惡書本，閱讀教育也必然走向失敗。

好奇心是閱讀知識類圖書的引擎，沒有引擎的汽車無法前進，而缺乏好奇心的孩子也不可能閱讀知識類圖書。從相當實用的好奇心開始（圍棋要怎麼下？），到生物學方面的好奇（蚯蚓為什麼沒有腳？）、對特定領域的興趣（想再多了解機器人！），任何一種都必須先有疑惑與好奇。當然，即使沒有好奇心，也可以閱讀文字。但是那樣的閱讀方式，將會在閱讀過程中放棄思考；一旦放棄思考，不僅接受不了書中的知識，也感受不到知識類圖書的樂趣。如果有父母想讓家中幼兒或國小學童每天花費固定的時間閱讀，或是半強迫孩子閱讀全集，這種想法最好盡早放棄。因為這樣既看不見任何效果，也會讓孩子永遠討厭書本。

現代的孩子們大多無法閱讀知識類圖書。無論是低年級、高年級，還是青少年，幾乎看不見擁有好奇心的孩子。彷彿我們的社會，就是一個扼殺孩子好奇心的系統。

有過授課經驗的人，應能大致猜出孩子缺乏好奇心的原因。上課的時候，孩子最常說的話就是「那個我知道」。無論是低年級還是高年級，孩子們總是把「我知道」掛在嘴上。他們知道的的確不少，但卻是把許多除去原因的結果與大量的資訊放入腦中，並且認為自己「知道」。因為都知道，所以不再感到疑惑，也就不再擁有好奇心了。

甚至有些孩子即使一知半解，也說自己「知道」。面對陌生的事物，他們不是產生好奇心，而是自尊心受傷。世界如此廣闊，知識無窮無盡，然而孩子們卻相信自己學問豐富，認為「無知」的情形必須隱藏。這種態度什麼事情也學不好。他們看待知識的態度本身已經扭曲。為什麼呢？我認為原因有二。

第一，過早開始學習。在國小一、二年級的教科書中，看不見稱得上是知識的內容。這是刻意安排的，因為他們還沒做好理解知識的準備。孩子年紀越小，越難理解知識，接受資訊的方式越單純。可是在這個階段，我們的孩子卻透過全集涉獵科學、歷史、社會、政治等知識，結果便是孩子們將複雜的知識單純化後吸收，像是「民主主義等於投票」、「大霹靂是爆炸後形成宇宙」。這是當然的，對於六、七歲的孩子而言，思考民主主義和大霹靂是不可能的事。將不符合孩子眼界的知識強塞給他們，導致他們不再思考原因。如此一來，自然而然形成了錯誤的思考體系，以為「知道結果等於知道了一切」。思考體系中的「原因」消失無蹤，孩子們因此不再感到困惑。

第二，錯誤的稱讚。當孩子使用「大霹靂」或「民主主義」等詞彙時，大人們誤以為那是學習的效果，所以稱讚他們：「哇，你連這個都知道啊？你真聰明。」於是孩子真以為自己非常聰明，也誤以為「知道大霹靂或民主主義等許多困難的詞彙，代表擁有知識」。所以他們胡亂將無法理解的詞彙放進腦袋裡，多虧這樣，他們也繼續得到他人「聰明」的稱讚。這個惡性循環的最後，孩子開始陷入極其嚴重的錯覺中，以為自己對這個世界無所不知，無所不曉。其實他們的腦中沒有知識，有的只是大量毫無意義、片面淺薄的資訊而已。

芬蘭的學校教育是建立在閱讀之上的教育。孩子們為了準備課業所閱讀的書籍中，知識類圖書占了極大的比重。閱讀的力量是芬蘭教育的原動力。如果在我們的國小立刻實施這種教育，想必多數課程將無法正常進行，因為孩子們讀不懂知識類圖書。相較於知識豐富而缺乏好奇心的東亞學童，芬蘭學童知識有限卻好奇心旺盛，更樂於親近書本。這是以閱讀為主的教育得以落實的原因。

值得注意的是，芬蘭嬰幼兒教育的關鍵是「禁止學習」。這裡除了學習有害嬰幼兒期腦部發育的原因之外，還有另一個原因，那就是好奇心。嬰幼兒期是好奇心萌芽的階段，在這個階段學習，好奇心的幼苗將立刻枯萎。

好奇心與學習具有截然不同的機制。好奇心並不能從某人身上獲得，例如父母在朗讀百科全集時，問孩子：「地球是圓型的，真的很神奇吧？」孩子並不會因此產生好奇心。好奇心由孩子主動發現，下雨天發現蚯蚓時，孩子心中自然對蚯蚓從何而來感到好奇。好奇心是孩子在觀察世界的過程中自然產生，然而學習完全相反。好奇心源自於孩子的內在，而學習從外在輸入；好奇心是主動的，而學習是被動的。

站在孩子的立場來看，英文是和自己八竿子打不著的奇怪知識。英文參考書在某天忽然送到家裡後，自己糊里糊塗就坐在書桌前開始背英文單字。數學或百科全集也是一樣的。孩子某天忽然被迫接受不符合自己程度、內容也跟自己無關的知識。知識由外不斷湧向自己的腦中，孩子也在此過程中培養出被動接受知識的思考方式。思考的基本框架被侷限在與好奇心天差地遠的一端。孩子不了解為什麼要被迫學習跟自己毫不相關的知識，覺得既無趣又痛苦。結果就是下意識採取自我防衛的態度，被動學習他人傳授的知識、不得不接觸的知識。

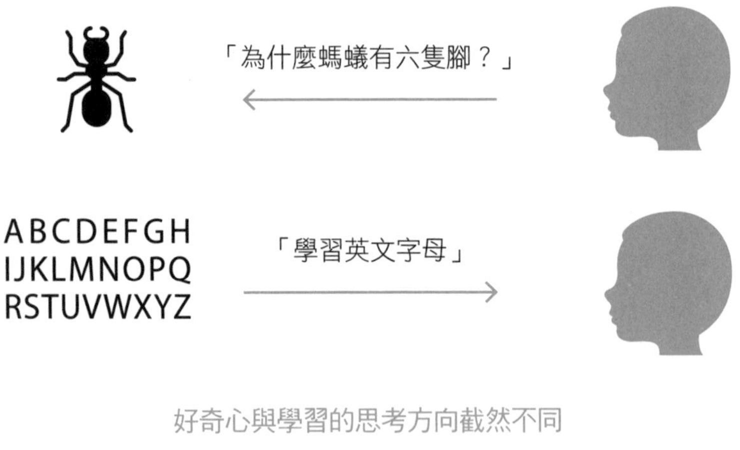

好奇心與學習的思考方向截然不同

他們心中對某些事物感到疑惑的好奇心，自然受到排擠。好奇心這株柔弱的幼苗，被學習這股強勁的水流遠遠沖走。一旦好奇心的根遭到拔除，孩子的內心將成為一片沒有任何求知慾的荒涼土地。除非奇蹟出現，否則好奇心將難以再次萌芽。芬蘭教育當局深知幼年期的學習如此危險，及早建立制度禁止學習。

嬰幼兒期累積的片面知識，大多沒有太大的效用。當下可能看起來比其他孩子優秀，但是將時間拉長來看，這不過是徒勞無功。並非提早學習語言，孩子的語言能力就能提高；並非進行早期英文教育，孩子就能具備母語者的實力；並非提早學習數學，就比其他人更會算數學。那反倒只是阻礙大腦邊緣系統的發展，扼殺好奇心而已。

嬰幼兒期孩子需要的是盡情玩耍，他們在遊戲場、後院、沙地與山谷間認識世界。在遊戲的過程中，孩子們用自己的眼光觀察世界，並且產生符合自己眼界的疑問，例如「沙子是什麼？」、「蝸牛也有骨頭嗎？」這正是好奇心。細心培養這個看似平凡無奇的好奇心，是相當重要的。因為好奇心能將學習轉化為遊戲，使孩子學習更加投入。為達此目的，嬰幼兒期千萬不可讓孩子學習，必須給孩子充分觀察世界的時間，等待孩子主動提問才行。

「螞蟻為什麼住在地底下？」

如果孩子某天這麼問，請反問孩子。

「你覺得呢？」

不必告訴孩子答案也沒關係，重要的是讓孩子建立原因與結果為一組的知識結構式思考。

「因為挖地比挖樹容易嗎？」

「哇，也可能真的是那樣喔。等一下一起去找答案吧。」

接著請和孩子一起前往圖書館，找出介紹螞蟻生態的圖畫書朗讀給孩子聽。這當然是為了從那本書中尋找答案。在這個過程中，孩子將獲得兩種富有意義的學習經驗。一是主動發問並尋找解答的真正學習經驗，這正是自主學習，也是滿足好奇心的快樂學習。藉此，孩子將培養出正確、正向看待學習的態度。另一個是養成「有問題就從書中找答案」的習慣。透過知識類圖書滿足好奇心的經驗越豐富，孩子每次感到困惑時，就越懂得求助於書本。父母們不必每天這麼做，只要平常朗讀孩子喜歡的圖畫書，並在看見孩子的好奇心時，偶爾翻知識類圖書給他們看就行。這是嬰幼兒期最好的教育了。

謝謝你的偏食！

每天為孩子朗讀書本，經過一段時間後，所有父母都將發現一個共通的現象。那就是孩子的閱讀興趣特別偏向某一領域。如果每天朗讀十本書，其中至少會有兩到三本是昨天也讀過、前天也讀過的書。因為孩子們喜歡反覆閱讀。前面也已經說明過，反覆閱讀是在閱讀教育上效果最大的方法。不少孩子雖然不到一而再、再而三閱讀同一本書的程度，但是特別沉迷於某個類型的書籍，這正是我們經常說的「閱讀偏食」現象。

父母們如果加入分享教育資訊的社群裡，便可以看見許多因為孩子閱讀偏食感到困擾的文章，而針對這個問題的處方也琳瑯滿目。當然，部分閱讀偏食確實需要矯正，例如整天捧著知識類漫畫，或是只看智力遊戲書，或整本都是漫畫人物的著色本等。這種閱讀偏食之所以有害，原因在於那事實上並非閱讀。換句話說，只要是真正的閱讀，無論閱讀什麼類型的書，那樣的閱讀偏食都沒有壞處，反倒更值得積極鼓勵。

所謂的「閱讀偏食」，是指自己喜歡的閱讀領域相當明確。對於一個人愛好分明的態度，我們稱為個性。個性強烈的孩子擁有獨特的專長，內心的能量也足夠強大。如果孩子沉迷於某些事物，那真是值得慶祝的事，因為那是一個強烈的訊號，告訴我們孩子擁有足以熱衷於某些事物的能量。而在學習方面，他們也可能具有傑出的能力。

閱讀偏食的孩子，當然沉迷於閱讀。假設有個孩子喜歡恐龍書，這個孩子只讀恐龍書。每天反覆閱讀幾本恐龍書，甚至連玩具都只買恐龍。這個小小恐龍專家正以自己的方式一步步成為熟練讀者。他能將各種恐龍的特徵，到恐龍生存時代的地質特性、恐龍的出現與絕種原因等高級知識相互連結並內化，而這是「均衡」閱讀的同儕小朋友無法企及的。這些孩子的學習潛力要比其他孩子突出，自然是顯而易見的。但是就在某一天，其他書忽然送到家門口，有生活童話、歷史書等，這些都不是孩子感興趣的書。

「你不可以只讀恐龍書，其他書也要看才會變聰明。所以現在開始，我們一起來讀這些書吧。知道了嗎？」父母說。

請站在孩子的立場想想。孩子到剛才還讀書讀得津津有味，是因為那些書是恐龍書。可是現在忽然被迫讀自己既不喜歡，也毫無興趣的書。原本樂在其中的閱讀，轉瞬間變成作業。然而在父母的哄騙下，只好硬著頭皮讀下去，因為孩子不想做父母討厭的事。但是他們依然克制不了內心的失望和沮喪。在這個過程中，孩子開始出現兩個錯誤的想法。第一是他們過去那樣熱衷挖掘的恐龍知識，原來只是毫無用處的興趣。「原來那不過是個好玩的遊戲，對我的成長沒有一點幫助，也沒有任何用處。」自此以後，孩子將在相同的脈絡下，將自己心中浮現的興趣或好奇心，視為沒有太大意義的想法。對知識的熱忱與好奇心逐漸凋零。第二是將閱讀視為課業學習，閱讀不再是探索自己興趣的有趣遊戲，而是為了均衡開發能力而勉強接觸自己毫無興趣的領域的行為，等於是學校課業的延伸而已。於是孩子與書本漸行漸遠。

當父母決心要讓孩子均衡閱讀的那一刻起，閱讀教育已注定失敗。既沒有好奇心，又缺乏對知識的熱忱，這種閱讀無法帶給孩子一絲喜悅。阻止孩子的閱讀偏食，無異於阻斷孩子主動成長為熟練讀者的未來。

再次提醒父母們，**閱讀的主導權在於孩子**。孩子的閱讀偏食行為，代表孩子有熱衷於某件事物的力量。沒有喜歡的事情才值得煩惱，孩子沉迷於某些事物並非問題，反倒值得開心。父母只需要給予孩子熱烈的鼓勵，稱讚孩子「你做得真棒」，從旁「搧風點火」，讓孩子更加沉迷其中即可。前面介紹過知識類圖書迷類型中的「癡迷型」，父母的鼓勵就是要讓孩子成長為這個類型。

如果孩子對某個領域產生興趣，請給予強力的支持。能夠熱衷於某個事物，這個行為本身就是一種「天才」。而閱讀符合自身興趣的書籍，便是「天才」的完成。

閱讀偏食只有時間長短的差別，不會永遠持續下去，日後必定會延續至其他領域，因為知識無法以單一的體系獨立存在。閱讀知識類圖書的力量源於好奇心，而引導閱讀延伸至其他領域的力量，也來自於好奇心。

例如閱讀恐龍書時，必然產生一連串的疑問。「恐龍體積為什麼那麼大？」、「讓恐龍絕種的流星，是從那裡飛來的？」、「前寒武紀、白堊紀這些地質年代是怎麼區分的？」各式各樣的問題接連出現。哪些問題會吸引孩子的興趣，因人而異。當然，有些孩子即使興趣向外拓展，對原本領域的興趣仍繼續延續，泰民的情況正是如此。

泰民夢想成為地質學家，據說是國小參觀過地質博物館後，對地質學產生了興趣。從各種類型的岩石、岩石生成的過程，到彗星或流星撞擊地球帶來的外星岩石等，泰民說到地質學的話題時，眼睛總是閃閃發光。然而這正是泰民父母最擔心的。父母以為小時候才有這種情況，想不到升上國中依然如此。他們擔心再這樣下去，泰民以後會不會真的成為地質學家。他們擔心的原因很簡單。

「當地質學家可以賺錢嗎？」

因為地質學並非受歡迎的科系，也不是熱門的職業。然而就在某天，泰民忽然改變夢想，決定當個電腦工程師。一問之下，原因和泰民媽媽說的一模一樣。

「因為地質學家賺不了錢啊。」

強制抽走孩子手中的書，並非阻擋孩子閱讀偏食、中止孩子閱讀的唯一方法。讓孩子認為自己著迷的領域毫無用處，也是其中一種。

隨著夢想的改變，泰民開始變得叛逆。他不再看書，開始通宵玩遊戲，逃避學習。當然，泰民的叛逆行為並不只是因為放棄成為地質學家的夢想，家庭失和也是其中一個重要的原因。但是失去夢想確實造成了不小的影響。到了國二時，泰民在大考國文科只拿下八十分，成績也掉出全校前十名之外，對學習變得越來越提不起勁。

「我不知道學習到底有什麼意義，我只想做我喜歡的事。」

泰民已經喪失了內心的力量。

非洲大草原上的動物生來各不相同，黑猩猩在森林裡才顯得閃閃發亮，獅子狩獵時最顯勇猛。孩子也是一樣的。有的孩子是天生的企業家，有的孩子是天生的老師，也有些孩子是天生的學者。我們無法要求黑猩猩狩獵，或是強迫獅子拔草來吃，實際上也辦不到。同樣地，父母不能將自己的夢想強加在孩子身上。孩子與生俱來的才能，才是最重要的。孩子的才能一般不容易發掘，不過閱讀偏食的孩子卻很容易看出來。如果孩子喜歡地質學，就讓孩子沉醉在地質學的世界裡吧。誠如泰民的案例所見，只要父母放手，孩子就能學得更好。接下來的事，就留待之後面對吧。

為什麼要讓國中生讀繪本？

好奇心在嬰幼兒期萌芽。換言之，無論是國小高年級生還是國高中生，如果他們不喜歡知識類圖書，事實上已無法藉由好奇心的力量驅使他們閱讀。放棄知識類圖書的閱讀，轉向以故事書為主的閱讀，才是更實際的方法。如果父母堅持讓孩子讀知識類圖書，就必須有更縝密的戰略計畫。我現在要介紹的方法，也許聽起來像「努力學習就會成功」一樣空泛。方法有是有，但是並不容易落實。即便如此，我仍相信各位家長與孩子能夠辦到，因此說明如下。

◆第一階段：培養語言能力

首先，必須判斷孩子的能力是否足以閱讀知識類圖書。**要能閱讀知識類圖書，需要有高於自身年齡程度之上的語言能力**。如果是國小高年級，必須達到「讀過一遍長篇童話，就能詳細掌握主要內容」的程度。連長篇童話都沒有能力閱讀的孩子，卻讓他們讀知識類圖書，就好比讓學走路的幼兒跑步一樣可笑。稍有差錯，可能就此終結孩子的閱讀教育。

當孩子還是初級讀者時，請先利用故事書進行充分的閱讀訓練。至少得花費一年以上的時間閱讀故事書，使孩子具備高於同儕平均程度的語言能力。這是引領孩子進入知識類圖書閱讀前，最低限度的必要條件。

◆第二階段：充分對話

當孩子按部就班閱讀過故事書，並且擁有高於同儕平均程度的語言能力時，代表已經具備能閱讀知識類圖書的基本條件。這時，請與孩子一起談談知識類圖書的閱讀。充分說明閱讀知識類圖書的必要性後，傾聽孩子的想法，像是對知識類圖書的喜好與否、感興趣的領域、閱讀知識類圖書必要的條件等。

其實說服孩子接受閱讀知識類圖書的重要性，並不容易。因為他們當下的學習表現還算不錯，感受不到閱讀的急迫性，再說無論大人怎麼想，孩子都認為自己已經付出許多努力在學習。所以面對國小高年級生，父母必須提出孩子會立刻豎起耳朵的甜頭，好比減少孩子討厭的私人教育、保證孩子的遊戲時間等。等於和孩子進行某種協商。協商的基礎不正是「給予和獲得」（give and take）嗎？在進行協商前，父母必須仔細思考，在鼓勵孩子「閱讀知識類圖書」的同時，能給予孩子什麼樣的優待。

◆第三階段：朗讀內容簡單的書

我是和孩子們一起閱讀的補習班講師，也是撰寫童書的作家。然而在我同時從事這兩項工作時，經常有強烈的違和感。因為孩子實際上能閱讀的書，並不符合書籍適用的閱讀年齡。舉例來說，被歸類於國小三、四年級適用的知識類圖書，真正國小三、四級生並不容易閱讀，而有一定閱讀能力的國小五、六年級生，也只能勉強讀懂；國小五、六年級生適用的知識類圖書，也不符合國小五、六年級生的閱讀能力。這個現象發生在求學階段的各個年齡層，其原因在於知識類圖書儘管比故事書更難閱讀，然而出版社卻仍以故事書的頁數來設定知識類圖書的適用年齡。例如國小三、四年級適用的故事書份量約一百到一百五十頁，出版社也將知識類圖書編成一百到一百五十頁，卻沒有考慮到兩者理解程度完全不同。

請給孩子低於他們年齡程度的知識類圖書。如果孩子正就讀國小五、六年級，只要給他們國小三、四年級程度的書或國小一、二年級程度的書，甚至兒童適用的百科全集也無妨。陶冶性情的故事書最好盡可能挑選符合孩子年齡的，但是知識類圖書不同。閱讀知識類圖書的首要目標，是讓孩子訓練如何處理知識。書本內容越單純、容易，就能更輕鬆、有趣地進行這個訓練。

要注意的是，以故事說明原理與資訊的知識類圖書和知識類漫畫，並不算在內。父母必須挑選單純說明知識的書籍。

◆ **補充資訊：善用兒童百科全集**

在孩子即將面臨高中入學的國三學生家長當中，不少人擔心孩子缺乏常識。「雖然英文和數學表現都不錯，但是孩子缺乏基本常識，這樣其他科目真的跟得上嗎？」

面對這些家長，我經常這麼說：「請去圖書館兒童閱覽室借百科全集來看，裡面有高中三年教科書中必備的基本常識。」

向國三生推薦兒童百科全集，有些奇怪吧？然而這卻是事實。想在短時間內累積常識，沒有什麼書要比兒童適用的百科全集更有效的了。

兒童百科全集的內容相當扎實。因為目標是與課業內容連結，所以國小教科書上需要的知識大多已涵蓋在內。只是盡可能省略詳細的資訊，力求讓孩子理解核心概念。但是這個核心概念在國高中的課業學習上，依然是必備的基礎知識。熟悉這些概念的孩子，在課業學習上自然更游刃有餘。此外，按部就班閱讀兒童知識類圖書，也能訓練對概念的理解。因為文字描述簡短、容易，孩子能夠沒有負擔地訓練概念的理解。既然對國三生有所幫助，國小高年級生來讀當然更好。

走進圖書館兒童閱覽室，便能看見滿山滿谷的兒童百科全集。只要從中選擇說明概念的全集即可，請避免故事類型的全集。（但如果是歷史書，閱讀故事類型的全集也無妨。）將知識融入故事中的敘述方式，並不適合國三的情商水準，孩子們可能會抗拒。

這些全集的份量並不大，十到二十分鐘就能讀完一本，可以更快、更輕鬆地吸收特定領域的核心知識。例如讀完世界史全集，孩子的世界史知識即可達到一定的水準。當然，掌握知識的能力也將在無形之中提升。屆時請為孩子準備適合成人閱讀的世界史。孩子必定讀得津津有味，又不感到負擔。

知識類圖書的閱讀公式

故事書和知識類圖書的閱讀方式不同。閱讀一般童話書或青少年小說時，只需要順著主角的視角一路閱讀下來。由於故事書具有圍繞事件發展的特性，即使以這種方式閱讀，也能充分掌握書中的內容，感受書本的樂趣。但是目的在於理解知識的知識類圖書，可不能這麼閱讀。如果像閱讀故事書一樣一路讀下去，書中知識將在腦中胡亂纏繞，變得一場糊塗。書讀是讀了，但是不知道自己究竟讀了什麼。

閱讀知識類圖書有兩個基本公式。**第一，熟讀前言**。故事書的第一段話，濃縮了該故事的精髓與故事的所有要素，所以抄寫故事書的第一個段落，有助於深入理解該書的內容。反之，知識類圖書的主題、主要知識和邏輯，全都濃縮在前言。也有不少前言詳細交代作者執筆的原因、每個章節有哪些內容，以及如何編寫。知識類圖書的前言交代了整本書的邏輯結構，等於是一種指引。所以熟讀前言便是在腦中放入指引，再出發暢遊其中。熟練讀者使用這種方式閱讀，也是最為理想的。第一次接觸成人知識類圖書的孩子，需要更縝密的閱讀方法。因為光靠閱讀前言時畫底線，並不容易幫助理解。最好的辦法，是在閱讀知識類圖書時抄寫前言。

第二，閱讀時拿著鉛筆，在關鍵句或無法理解的部分畫底線。初級讀者尚未熟悉知識類圖書的敘述邏輯，除了畫底線外，還需要訓練分句、分小節閱讀。以下就以比爾．布萊森（Bill Bryson）《萬物簡史》（*A Short History of Nearly Everything*）開頭第一章「如何建造宇宙」為例說明：

無論你多麼努力，都無法想像出質子究竟有多小，因為它所占據的空間是那麼微不足道。反正就是小極了。質子是原子內極小的一部分，原子本身當然不是實在的東西。質子小到什麼程度呢？這個字母 i 上面那一點所用的墨汁量，就可以裝下大約為五千億（也就是五後面跟了十一個零，即 500,000,000,000）顆的質子。若是這個數字的單位轉換成秒，連續五千億秒加起來可是超過五十萬年呢！所以我們說質子小極了，可是一點也不誇張。

——摘自比爾．布萊森《萬物簡史》

首先，閱讀一段句子後停下，以鉛筆標示陌生的單字或概念、句子。這裡必須注意的是，只有似懂非懂並非真正了解，雖然之前曾經聽過，但是不明白正確意思的單字，也應該標示起來，例如「質子」。接著將第一句的核心內容寫在書本空白處，例如引文就是「質子小極了」。完成後，再繼續以相同方式閱讀第二句。第二句如果沒有陌生的單字或概念，可不必特別標示，並且寫下核心內容——「質子小極了，再次強調」。接著以相同方式往下閱讀第三句、第四句。

像這樣一一分句（或者分小節）閱讀，再重新回到開頭，快速瀏覽每個句子的核心內容。「質子小極了→質子小極了，再次強調→……」。這樣整理下來後，只要瀏覽一遍，就能一目了然地掌握自己讀過的段落的內容，也能理解全書的敘述邏輯。

在這個階段，不一定非得完全掌握陌生的單字或概念、句子。真的無法理解各句的核心內容時，先查詢網路百科辭典，如果尚能理解，便可繼續往下一句閱讀。這樣做有兩個原因。第一是為了不降低閱讀的樂趣，因為忙著理解陌生概念而減緩閱讀速度，孩子容易喪失興趣；第二是因為在閱讀後文的過程中，有很大機會學到陌生的單字或概念。例如引文的後面，就出現了解釋「質子」是什麼的內容。將整本書從頭讀到尾之後，再回過頭來瀏覽之前標示的陌生單字或概念，查詢正確意義即可。

像這樣分句、分段、分小節閱讀並掌握內容，是閱讀知識類圖書的基礎。即使用這種方式只讀完一本書，也能大幅提升學習的效果。孩子在學習每個科目的時間將明顯減少，社會、自然科的成績也將有所進步。當然，由於在閱讀時掌握了核心內容，自然也豐富了孩子的常識。接著閱讀第二本、第三本之後，即可具備更傑出的知識處理能力與更豐富的知識。只要用這種方式讀完三本書，接下來即使不寫下每個句子的核心內容，也能在閱讀過程中自然而然將知識整理進腦中，這是因為閱讀知識類圖書的能力提高了。相信孩子在閱讀過程中自有體會。

不過必須強調的是，這個方式並不適合幼兒或國小生。如果讓幼兒或國小生這樣閱讀，孩子必定會討厭書本。至少要等孩子升上國中，才能看見效果。尤其讓在校成績不容易拉上來的國高中生來嘗試，更能獲得驚人的成效。他們將親身體會到「教科書很簡單容易」是什麼意思。

知識類圖書的閱讀法

尚未熟悉如何閱讀知識類圖書的孩子，如果以閱讀故事書的方式讀知識類圖書，恐怕得不到太大的閱讀效果。如此不僅無法理解書中的知識，也無法培養理解知識的能力。想要熟練閱讀知識類圖書的方式，可以利用下頁介紹的「基本閱讀法」練習。

之後，不必一直用「基本閱讀法」來閱讀，因為讓孩子蛻變為熟練的知識類圖書讀者，只要三本書就已足夠。以上述方法讀完三本書後，接著閱讀其他書本時，就能更快、更輕鬆地理解。當然，教科書也能輕鬆解決。

◆ 基本閱讀法

❶ 拿起鉛筆閱讀

鉛筆用來：

・標示生詞、無法理解的句子和段落

・為核心內容畫底線

・在書本空白處寫下句子核心及疑問

❷ 前言精讀三遍

・第一遍：一邊閱讀，一邊拿著鉛筆標示。

・第二遍：一邊閱讀標示的部分，一邊在網路百科辭典上搜尋生詞的意義。

・第三遍：重新精讀。

❸ 分句、分段閱讀

・利用「❶拿起鉛筆閱讀」的方式，精讀每句或每段。

・瀏覽鉛筆標示的部分，在腦中整理書本內容。

❹ 從頭到尾閱讀

・重複❶到❸的方法，讀完全書。

・在網路百科辭典上，搜尋鉛筆標示的陌生單字或概念，並嘗試理解。

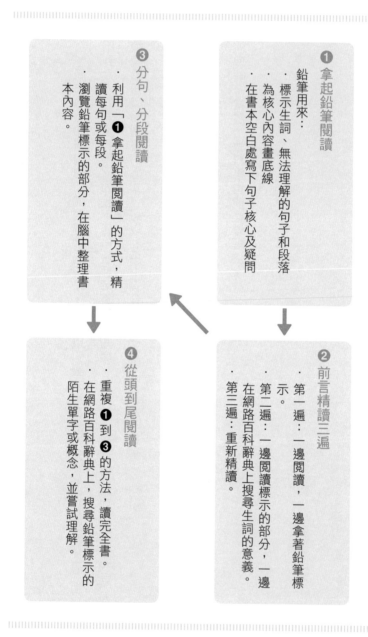

◆ **進階閱讀法**

❶ 閱讀一本書

・前往書店或圖書館，瀏覽自己感興趣的書籍。

・選擇一本要讀的書，以「基本閱讀法」閱讀。

❷ 再讀兩本書

・挑選與上一本書相同領域或相關領域的書兩本。

・以「基本閱讀法」閱讀兩本書。

❸ 以熟練讀者的方式閱讀

・挑一本同領域的書，精讀前言兩遍。

・從頭讀到尾，並以鉛筆標示生詞、無法理解的句子、段落與關鍵句。

・讀完整本書後，一邊瀏覽鉛筆標示的部分，一邊整理於腦中。

❹ 閱讀其他領域的書籍

・依照「❸以熟練讀者的方式閱讀」的方法，閱讀其他領域書籍。

・讀過一遍後，即可掌握書中內容。

第十課

考前三週準備的強化閱讀法

適用年齡：國中以上

孩子平時專注於知識類圖書的閱讀，透過閱讀知識類圖書提升語言能力，到了考試前二到三週開始，再投入學校課業即可。能夠落實這個閱讀法的孩子，即使以成人的標準來看，也已經具備相當優秀的語言能力，所以即使學校課業只準備二到三週，也可以考出頂尖的成績。

一學期閱讀計畫

學期開始～ 段考前二到三週	**閱讀一本成人知識類圖書**	・充分掌握前言。 ・拿著鉛筆仔細閱讀。
段考前二到三週～ 段考期間	**準備考試**	段考前二到三週全心準備考試。
段考結束～ 段考前二到三週	**閱讀一本成人知識類圖書**	・充分掌握前言。 ・拿著鉛筆仔細閱讀。
段考前二到三週～ 段考期間	**準備考試**	段考前二到三週全心準備考試。

熟讀知識類圖書

平時透過知識類圖書的閱讀提升孩子的語言能力。**書籍的選擇不應受限於教科書內容，而是全權交由孩子選擇。**因為讓孩子津津有味地讀著自己感興趣的書，才是最重要的。知識類圖書的特性，在於只要充分理解書中內容，就能大幅提高語言能力。

提升學習能力

考試前二到三週全心準備考試。**由於孩子已經透過知識類圖書的閱讀提高語言能力，能在短時間內高效完成課業學習。對於學習的心理負擔較小，也就更能發揮注意力。**考前的高度專注學習，就能帶來亮眼的成績。

第十一章 短時間提高語言能力的方法

避免失敗的兩個提醒

本章將介紹能短時間內快速提高語言能力的方法。這個方法適用於當孩子認知到語言能力的功效，並如臨大敵般下定決心提高語言能力時，或是必須短時間內急速提升語言能力時。

正如本書先前介紹的多數閱讀方法一樣，本章即將介紹的方法，也並非我發明出來的。我在帶領孩子們閱讀的過程中發現了這些方法，其實自古以來早已經過許多前人的挑戰與嘗試，其效果已充分獲得驗證。說得誇張一些，這些方法是人類閱讀的遺產，也是我應用在今日教育現場上，並親身驗證其效果的方法。總之，請放心相信。

在正式進入內文前，希望父母們能保證做到以下幾點。**第一，正如閱讀知識類圖書那樣，**

這些方法也千萬不可強制實行。父母可以做到的，只有向孩子介紹這些方法，並試著說服他們執行。強迫孩子非但沒有效果，一不小心還可能造成副作用。在孩子同意嘗試這些方法的前提下，父母的幫助才能在執行時發揮最大力量。本章介紹的方法，大多是每天必須投資一定時間的長期計畫。孩子們無法憑自己的力量堅持下去。最重要的是，父母必須為孩子規劃好執行這些閱讀法的時間，並且充滿興趣傾聽孩子當天閱讀的部分。此外，站在鼓勵的立場適當提供獎勵，也可以提高效果。

第二，這個方法只能適用於國中以上的青少年。由於生理上的特性，國小生在執行上困難重重，即使可以辦到，也可能承受超乎想像的壓力。也由於同樣原因，這個方法無法應用於語言能力未達同儕平均程度的青少年。對於連符合自身年齡的故事書都不能順利閱讀的孩子而言，這些閱讀法必然是難以承受的痛苦。當閱讀淪為壓力的瞬間，閱讀教育將宣告失敗，這點請務必記住。

以下即將介紹的方法，原理都在於最大程度提高閱讀時產生的思考量。其效果之大，只要三個月的時間，就能透過數字驗證語言能力與成績的提升。相信持續努力幾年後，孩子不僅能在大考贏得勝利，未來即使不是國際領袖，也至少能成為意見領袖。雖然這個閱讀法必須每天努力執行，並且長時間堅持下去，不過付出必定能有所回報。

慢讀：細細品讀，不斷提問

我之所以對慢讀產生興趣，是受到孩子們的速讀啟發。當時我心想，如果閱讀速度越快，語言能力提升效果越差，那麼反過來細細咀嚼書本，語言能力提升效果是否會較好？在理論上我有信心，不過慢讀並不容易應用於論述課，我只能苦口婆心向孩子再三強調慢讀的好處。後來我接觸到中學日語老師橋本武的《百歲老師的奇蹟教室：不用國文教科書，成為升學第一名校的祕密！》一書，知道了早在許久以前，就有一位老師將慢讀法應用在教育現場，獲得極大的成功。而且這個效果更在我的預期之上。

灘校是位於日本地方小鎮的不起眼學校。該校學生曾經是在大都市孩子面前抬不起頭，時常揮刀弄斧的流氓學生。然而就在某天，這所小學校忽然變成全國最有名的學校，原因是灘校締造了東京大學錄取人數第一的紀錄。還不只是某一年如此，到了隔年甚至再下一年，也延續了相同的紀錄，這項創舉瞬間震撼了日本教育界。隨著大量新聞媒體前來灘校採訪，灘校過人的教育之道也被揭開了面紗。那正是橋本武老師的灘中學（灘校有國小部、國中部與高中部）國文課。

橋本武老師的國文課特別與眾不同。首先，課堂上沒有教科書，取而代之的是國中三年只上一本中勘助的小說《銀之匙》。課程進行方式是這樣的，首先將小說分段，讓學生每堂課前事先閱讀一部分。因為已經將一本小說切割得相當細，學生對於每天必須完成的閱讀量不感到負擔。課堂上，學生們一句一句細細閱讀這少許的份量，一邊分析，一邊交換意見。從細節的描述到小說人物的心境、象徵，以及小說中出現的昔日風俗等，書中的所有元素全都被提出來討論。甚至小說中出現的食物，也在課堂上試吃。

像這樣以緩慢的速度細細探索一本小說的方式，發揮了極大的效果。因為閱讀小說的深度，遠遠勝過單純讀過而沒有深入思考的閱讀方式。這個深入閱讀的經驗，也大幅提升了閱讀的品質，學生在閱讀其他書籍時，能更深入、更仔細地探究小說中的各個要素。橋本武老師實際上也在《銀之匙》之外，每個月安排學生一本自由讀物，而這一本本自由讀物的閱讀深度，確實顯著提升了學生的語言能力。憑藉著語言能力的力量，橋本武老師的學生得以考進名校，更進一步成為高階公務員、知名文學家、大學校長、政治人物、大企業員工等。

自二〇一八年起，韓國的國中小學也推動「一學期一本閱讀活動」，將慢讀進入制度化管理。由於還在起步階段，相信還會遭遇各種錯誤與失敗，不過只要記住一個方法，就能在任何一個科目獲得驚人的效果。方法非常簡單，那就是對每一件事提出「為什麼？」的疑問。

對生詞和句子提問的方法，將在介紹「抄寫」的部分說明，這裡要先說明對文章結構提問的方法。如前所述，故事有個固定的骨架——「情節」。然而這個骨架的功能，不僅僅是推動故事的展開，在這個骨架之下，隱藏著凸顯故事主題的「象徵」。童話或青少年小說、類型小說相對容易讀出這個象徵，而在成人閱讀的本格小說或古典名著中，這個象徵多隱晦含蓄。所以如果只讀表面的故事，很可能完全誤讀了作品。

例如只讀聖修伯里《小王子》表面的故事，會以為是「來自B612號行星的外星人小王子，離開自負而任性的玫瑰花，在宇宙旅行的途中來到地球，又再度回到自己星球的故事」。以這種方式閱讀，《小王子》會是一本充滿童話氛圍又有許多美麗圖案的故事書，但是敘事稍嫌怪異、無趣。想要了解故事背後的真正意義，必須在閱讀時不斷提問。

第一個問題是「為什麼故事這樣開始？」前面提過，作者往往在第一句投入許多心血，也代表在第一段投入許多心血。故事書的第一段通常濃縮著故事的核心，或是隱藏著與故事核心相關的話題，像是對讀者發出預告甚至是一種宣告——「現在開始，我要講述這樣的故事。」精準解讀這個宣告的內容，等於完成了一半的閱讀。所以讀完第一段之後，必須先停下來，花點時間細細思考。假設我們讀的是《小王子》，《小王子》開頭的內容如下：

小時候夢想成為畫家的「我」，畫了一隻吞下大象的蟒蛇。可是人們看見這張畫，都說是帽子。「我」對於人們看不懂這幅畫感到失望，放棄了畫家的夢想。

只從字面來解讀，這段文字將變成稍嫌怪異且無趣的開頭。書名明明是《小王子》，卻沒有一句跟王子有關的內容，也猜不到之後將會發生什麼事件。作者只用一句「放棄了畫家的夢想」，總結了自己的心境。孩子們不覺得《小王子》有趣，也是因為像這樣只從字面解讀。

但是只要相信開頭隱藏著關鍵線索，結局將完全改變。請先抱著「為什麼這樣開始？」的疑問，將第一段視為作者的宣告，重新再讀一遍。聖修伯里透過《小王子》想要表達的，正是「能夠畫出一隻吞下大象的蟒蛇的我」。聖修伯里在開頭要向讀者宣告的，是每個人都曾經擁有，卻在成長的過程中逐漸遺失的童心，那也是關於每個人自我的故事。在理解這個宣告後，繼續進入下一段內容。

長大後成為飛機駕駛的「我」，迫降在沙漠。「我」在那裡遇見了小王子。小王子說他來自B612號行星，並要我畫出他行星上吃猴麵包樹的綿羊。「我」每畫一隻羊，小王子就搖頭，說：「不是這一隻。」「我」畫了一個箱子，說羊就在箱子裡，沒想到小王子相當開心，說：「就是這隻羊。」

發現小王子真正的身分了嗎？如果看出來了，就是差不多做好準備自己一個人慢讀了。除了「為什麼寫這一段？」的疑問外，還有一點必須仔細思考，那正是書中人物的職業和事件發生的地點。我們必須問：「為什麼是飛機駕駛？」、「為什麼是沙漠？」機師是翱翔天際的職業，從希臘神話到今日的超級英雄故事，人類總是夢想著自由自在飛翔於天空。故事中的「我」雖然生活迫於現實，即便如此，仍選擇了可以短暫作夢的職業、可以脫離重力這個物理現實的職業，那就是機師。當然，雖然放棄了畫家的夢想，「我」依然是懷抱夢想的浪漫主義份子。

然而身為飛機駕駛的「我」，卻迫降在沙漠，並在此遇見了小王子。沙漠四周只有無窮無盡的黃沙，與世隔絕。在這裡能夠遇見誰呢？這裡唯一的人，只有我自己而已。在沙漠遇見的小王子，其實就是飛機駕駛自己。那不是做為社會成員的「我」，而是隱藏在我內心深處的真正的自我、小時候畫得出「蟒蛇吞象」的那個完整的自己。

小王子拜託「我」畫一幅畫給他，他想要的當然是像「蟒蛇吞象」一樣的畫。但是已經長大成人的我，畫出的是眼中所見的真實的綿羊。直到畫出裝著羊的箱子，小王子才滿意。能夠畫出眼中看不見的事物，這種童心正是小王子。

慢讀是像這樣深入思索故事中各種要素的閱讀方法。閱讀中途停下來玩味，才是真正的閱讀。**慢讀的開始，始於有意義的提問**。

「為什麼故事這樣開始？」

「為什麼這個人物從事這樣的職業？」

丟出有意義的疑問，並且找出問題的合理解答，在此過程中，孩子的思考能力、語言能力、判讀象徵的能力、理解他人及世界的心思，將有爆發性的成長。

第十一課

一年讀一本的慢讀訓練法

適用年齡：國中以上

慢讀像是解剖一部文學作品，並細細咀嚼品味的閱讀方法。讀完一句後，深入思考，再讀下一句，再深入思考。重點在於從各個角度深入咀嚼文學作品的各種意涵，所以最好選擇意義深刻的古典名著。進行慢讀時，最好搭配一個月一本青少年小說一起閱讀。慢讀雖然大幅提升閱讀文學作品的能力，不過搭配相對簡單的青少年小說一起讀，不僅可以減少閱讀的疲憊感，也能更加強文學作品的閱讀能力。

一年閱讀計畫

選定慢讀圖書	任何一本古典名著小說都可以，如果是孩子有興趣的書更好。
閱讀第一章	精讀相當於第一章的部分。
仔細檢視第一章的所有要素，重新閱讀	重頭閱讀第一章。從主角、背景、事件到細微的描述，所有要素都必須一一思考。如果有陌生的單字或概念，則搜尋網路百科辭典。
閱讀第二章	確定第一章的內容已經爛熟於心後，再進入第二章。

慢讀古典名著小說

意義深刻的古典名著小說適合慢讀。試著練習一邊慢讀古典名著，一邊思索並掌握小說中的所有要素。

每月一本青少年小說

同時閱讀比起古典名著相對容易的青少年小說，可以減少閱讀的疲憊感。透過慢讀古典名著提升的閱讀能力，將在閱讀青少年小說時發揮力量。語言能力亦將快速提高。

覆讀：造就天才偉人的閱讀法

如果說慢讀是透過每天深入閱讀少量的內容，最大程度提高閱讀效果的方法，那麼覆讀就是透過反覆多次閱讀同一本書，最大程度提高閱讀效果的方法。發明微積分的數學家兼哲學家萊布尼茲（Gottfried Wilhelm Leibniz），曾主張「覆讀造就天才」，不過這個閱讀法在此之前已經被廣泛使用。

許多偉人之所以成為偉人，是由於他一而再、再而三閱讀書本內容，直到完全理解為止。例如熟讀《論語》、《中庸》、《大學》、《孟子》九遍的栗谷李珥[18]、為了理解《周易》而「韋編三絕」的孔子等，這類偉人案例不勝枚舉。將這個方法運用在孩子身上，就能立刻了解覆讀何以造就天才。

曾經有七位小五生一起來找我，兩位男生，五位女生，這七位都是青梅竹馬。雖然所有人課業表現都不錯，但是其中一位名為宣熙的女孩特別突出。她的成績總在滿分到九十八分之間徘徊，又有著過人的好勝心，有如女中豪傑。也許是主觀想法較鮮明，對於我禁止速讀的要求，她甚至以斬釘截鐵的口氣反駁我：「為什麼讀快一點不好？」、「我不這麼認為！」我讓七人一起進行基礎語言能力測驗，宣熙考出四十二分，在七人中排名第六。拿到基礎語言能力測驗卷的那天，宣熙瞞著其他孩子私下來找我。

「我要怎麼做才可以考好成績？」

宣熙抿著嘴唇，一副要哭出來的表情。看來是自尊心受到了不小打擊。我告訴宣熙兩個方法，其中一個是慢讀。我要她將閱讀速度放慢五倍以上，並且細細咀嚼每一段文字。閱讀一本長篇童話，至少要花三個小時才行。

「我想要慢慢讀，但是根本辦不到。再怎麼慢慢讀，一個小時也就讀完了。」

宣熙用一副無可奈何的表情對我說，自己卻笑了出來。或許是想到曾經在我面前大聲批評「速讀哪裡不好」的自己，竟然一個人在家裡練習慢讀。其實養成速讀習慣的孩子想慢慢閱讀，是非常困難的，因為身體已經完全習慣了。

所以我告訴她的方法，正是覆讀。我要她一週讀一本長篇童話，並且重複閱讀三遍，不過也告訴她，閱讀第一遍的時候，至少要超過一個小時；閱讀第二次、第三次的時候，也千萬不可加快速度。我向她保證，只要堅持六個月，分數一定可以一飛衝天。

18. 韓國朝鮮時代著名的儒學大師，生於一五三六年，卒於一五八四年。

閱讀的效果，取決於閱讀過程中思考的深度。閱讀時如果能精準掌握書中的論述和資訊、作者的意圖，那麼即使只讀完一本書，也能看見極大的效果。因為透過那本書，將思考的廣度和深度提高到了極限。反之，如果只是敷衍讀過，連故事基本架構都無法掌握，產生的思考量將微乎其微，這樣即使閱讀百本、千本，也沒有任何幫助。煤炭蘊藏量再怎麼豐富的礦場，如果沒有挖出坑道，也開採不出一粒煤炭；同樣地，囫圇吞棗式的閱讀，也得不到任何收穫。

像宣熙一樣習慣囫圇吞棗式閱讀的孩子，不知道「挖掘坑道」的方法。讓這些孩子輕鬆學會「挖坑道」的方法，正是反覆閱讀。這個方法不必特別教導，只要反覆閱讀，孩子就能自己學會，幾乎是自然而然學會深入閱讀。

所以一有時間，我就向孩子們強調反覆閱讀三遍的重要性。問題是真正執行的孩子非常少，可見反覆閱讀是如此辛苦、困難。但是宣熙辦到了。她每天閱讀三遍，而且六個月來沒有錯過任何一次練習。孩子們有沒有反覆閱讀三遍，其實課堂上就可以立刻判斷出來。因為閱讀三遍的孩子，對書中內容幾乎瞭如指掌。不僅是故事情節，就連具體的臺詞也背得滾瓜爛熟。

經過六個月後，在進行基礎語言能力測驗前，我向孩子們保證，宣熙的分數一定會讓眾人跌破眼鏡，大家可以親眼見證慢讀的驚人效果。結果宣熙考出八十七分，相當於國三程度的語言能力。一舉進步了四十五分。

我認為宣熙了不起的地方，不在於一次進步了四十五分，因為只要反覆閱讀，任何人都可以達到這樣的成效。真正了不起的是宣熙的耐心和毅力，能夠在六個月內持之以恆閱讀同一本書三遍，沒有錯過任何一次。

一週閱讀一本書三遍，持續六個月，就能讓程度低於小五平均程度的孩子，一舉成長到國三的程度。如果持續一年、兩年，會是什麼樣的結果呢？

當然，反覆閱讀同一本書並不容易。但是只要能做到，效果將會是超乎想像的驚人。

第十二課

一本讀三遍的反覆閱讀法

適用年齡：國小高年級～高中

這個方法是讓小學生一週閱讀長篇童話三遍，讓青少年兩週閱讀青少年小說三遍的閱讀方法。所需時間為每週九個小時。要注意的是，第一次閱讀與第二次閱讀、第三次閱讀，必須維持相同的速度。以精讀的方式反覆閱讀三遍，孩子自然可以達到深度閱讀的效果。不僅能記住書中的各個細節，像是書中人物鞋子的顏色，也能發現第一次閱讀時沒有察覺的各種故事要素。即使是國小高年級生，只要持續這種方法一年，任何人都能擁有高中程度的語言能力。

小學生一週／國高中生兩週的慢讀練習

	國小高年級生	國高中生
第一次閱讀	兩天讀完一本長篇童話	四天讀完一本青少年小說
第二次閱讀	兩天完成第二次閱讀	四天完成第二次閱讀
第三次閱讀	兩天完成第三次閱讀	四天完成第三次閱讀
驗證	一邊瀏覽目錄，一邊回想書中內容	

覆讀三遍

反覆閱讀時，速度千萬不可貪快。**最重要的是維持相同的速度閱讀三遍。**

回想書中內容

可提高「想像和情緒的豐富度」。不僅能深刻理解小說中的情形，也能記住非常細微的資訊。

抄寫：手比眼睛讀得更深入

世宗大王擁有異於常人的智力，曾在弱冠之年與朝鮮最頂尖的學者辯論，技壓群雄。以現在來看，等於是大學一年級的學生，以高超智力完勝首爾大學或韓國科學技術院（KAIST）的講座教授，足見世宗大王是優秀傑出的人才，其能力已超乎常人想像。

是什麼造就世宗大王成為超凡入聖的人才？那正是閱讀百遍、抄寫百遍的「百讀百習」習慣，也就是同時進行覆讀和抄寫。在歷史上的偉人中，不少人從覆讀開始，逐漸轉向抄寫，原因在於要將書中內容完全放入腦中，沒有比抄寫效果更好的方法了。歷史上經過勤奮抄寫而成功的人多不勝數，例如天才政治哲學家約翰・彌爾（John Stuart Mill）、歷史上最偉大的科學家之一牛頓、哲學家尼采等。

抄寫是同時具備「慢讀」與「覆讀」優點的終極閱讀法，也因此效果比任何一種閱讀方法都要好。抄寫時，基本態度至為重要。如果只是像複寫紙一樣機械式地抄寫，效果肯定大打折扣，必須力求完整掌握文字的意義才行。抱著非得掌握作者意圖不可的心態來抄寫，才是效果最確實的不二法門。假設抄寫的是具竝模的《魔法麵包店》吧。這部青少年小說的內容一如書名，是圍繞魔法麵包店展開的故事。

中火烘烤的香甜氣味傳來。

讀到這句，孩子能立刻知道最初的場景是主角聞到了麵包烘焙時飄出的香味。了解作者的意圖後，孩子應該這麼問：「為什麼非得用這句話當做開頭？」小說的第一句話決定了讀者的第一印象，所以作家們在開頭無不煞費苦心。孩子們對作者提出這個問題後，若能以各種方式尋找答案，例如「為了一開始就告訴大家這是關於麵包店的故事」、「為了用砂糖的香甜氣味吸引讀者」。這樣的推敲已經相當了不起。

但是這裡還可以再進一步思考，我們不妨從主題的層面來分析第一句。「這個故事是關於人類的欲望。砂糖雖然甜蜜且迷人，但是容易上癮，吃多了對身體有害。作者透過砂糖融化散發出的香味，提示了自己想要表達的欲望的特徵！」此外，也可以連結書名或題材來思考。砂糖融化是固態轉變為液態的過程，並且散發出固態時所沒有的香甜氣味。「變身後擁有先前沒有的特徵」，這和魔法確實有一脈相通的地方。所以第一句不僅表現了主題，同時也發揮了營造魔法氛圍的功能。

短短的第一句話，能夠帶出這麼多的思考。所以抄寫時若能下定決心理解每一句話，便能像這樣深入地閱讀。

中火烘烤的香甜氣味傳來。

與此同時，其他所有東西都在感官深處浮現。中筋麵團剛揉捏好，富含麵筋的彈性；在平底鍋上畫圓融化的黃奶油泡沫；柔軟濕潤的生奶油在咖啡上暈出的水紋。每回站在那間店前，我總能感受到酵母發酵完全的活躍，細膩地分辨出當天麵包塔上的無花果醬與杏子醬的風味。

——摘自具竝模《魔法麵包店》

在抄寫過程中，先將陌生的單字或概念標示起來。例如「麵筋」、「中筋」、「酵母」等單字，以及「奶油和生奶油如何製作」等概念。抄寫完畢後，利用網路百科辭典搜尋標示的地方。抄寫完第一句後，務必重新到尾再閱讀一遍，掌握句子的功能與核心主題。

第二段重現了麵包製作的過程。不過那並非實際製作麵包的過程，而是從麵包店傳出的香味聯想到的麵包製作過程。這段話觸動感官且十足吸引人，一方面強化了第一句，一方面也發揮了告訴讀者香氣來自於「那間店」的功能。

像這樣一字一句抄寫，將可最大程度地深入咀嚼書中的各種要素。抄寫筆記本一頁，至少要花費四十到五十分鐘，並且需要高度的專注力。過程中，語言能力、思考能力與邏輯能力、語言知覺、掌握象徵與心理的能力，都將有飛躍性的成長。除了能大幅提高前後句關係、前後段落關係的理解能力，也能掌握書中出現的陌生單字或概念，累積一定的知識。如此學到的知識都是書中重要的元素，孩子自然能更精準掌握故事內容，也能記得更久。

如果抄寫的是古典名著的話，由於書中每個句子、每個段落都隱含著更大、更深的意義與象徵，因此透過抄寫獲得的效果也更大、更深。英國知名小說家暨評論家毛姆曾將梅爾維爾（Herman Melville）的《白鯨記》（Moby-Dick）選為「世界十大小說」之一，並視為美國文學代表作。這部作品旨在探討人類面對「絕對的存在」時的熱情與悲劇。

叫我以實瑪利吧。（Call me Ismael.）

這是《白鯨記》開頭的第一句。乍看之下，第一句的作用只在於提示敘述者的名字。先前說過，作家非常看重第一句，這麼看來，人類史上最好的小說的開頭第一句，未免顯得太過粗糙。所以換個角度來想，第一句所隱藏的意義，肯定不只是提示敘述者名字而已。帶著這個疑問重新閱讀第一句，確實有些奇怪之處。如果只是介紹名字的句子，直接說「我的名字是以實瑪利」，才是更自然的。但是梅爾維爾卻說：「叫我以實瑪利吧。」「以實瑪利」究竟是誰，梅爾維爾為什麼要別人這麼稱呼他？

搜尋網路百科辭典，便可立刻知道「以實瑪利」是誰。他是舊約聖經中出現的人物，猶太人的祖先亞伯拉罕與妻子薩拉無法孕育兒女，遂與使女夏甲誕下兒子以實瑪利。以實瑪利原本被培養為猶太人的繼承者，然而在薩拉老年得子後，遭到流放。在基督教文化圈中，以實瑪利是「流放者」的代名詞。因此開頭「叫我以實瑪利吧」這句話，一方面等於「叫我流放者吧」的意思，一方面也宣告了這部小說是建立在基督教世界觀之上。

故事中的敘述者「以實瑪利」，是在與巨大抹香鯨的決鬥中最終存活下來的唯一一人。換言之，以實瑪利「沒能在與巨大抹香鯨的最終決鬥中迎向死亡，正如被流放的人一樣」，而這正是掌握這部小說主題的重要線索。

抄寫能幫助我們如此深入理解作品，而解讀這些作品的能力，又將在古文、學測國文科上發揮超乎想像的威力。不僅如此，藉由累積與作品相關的實用知識，也能達到與閱讀知識類圖書一樣的效果。

亞伯拉罕的兩個兒子中，以撒後來成為猶太人的先祖，奠定了猶太教乃至於基督教的根基；以實瑪利成為阿拉伯人的先祖，奠定了伊斯蘭教的基礎。猶太教、基督教與伊斯蘭教，是同根同源的兄弟宗教。不同之處在於，基督教相信舊約中所說的救世主為耶穌，伊斯蘭教的救世主為穆罕默德，而猶太教認為救世主尚未降臨。藉此，我們認識了世界五大宗教中三個宗教的根源。《白鯨記》開頭的短短一句話，隱含了如此深刻的意義。

請想像這樣理解的句子不斷累積下去，完成一句、一章、一本書的抄寫時，孩子的智力將會有多大的成長啊？

如果只用眼睛閱讀，根本不可能看出字裡行間有這些意義。但是嘗試過按部就班抄寫的孩子，哪怕只有一本書，都會知道短短一句話中，隱藏著如此深刻的意義。知道這個道理的孩子和作夢也沒想到的孩子，兩者在閱讀的深度自然天差地遠。抄寫過的孩子懂得如何掌握書中的意義，這些孩子即使只讀完一本書，語言能力也會有驚人的成長。只要按部就班執行，即使只抄寫完一本書，語言能力也能進步到輕鬆考取名校的程度。

第十三課

一年抄一本書的抄寫閱讀法

適用年齡：國小高年級～高中

與抄寫小說開頭的〈第三課〉不同，這是抄寫整本書的閱讀法。知識類圖書或小說任何一種都好，最好是成人適用的程度。從週一到週五，每週五天各抄寫書本的兩頁，每次花費四十分鐘到一小時左右。只要是平時喜歡閱讀的孩子，或是連續兩年執行每週精讀一本長篇童話的〈第一課〉的孩子，即使小六生也能挑戰。這個閱讀法的效果驚人，只要執行一個月，小六的孩子就能輕鬆理解國中課本。孩子抄寫完畢後，父母請花十五分鐘左右和孩子聊聊抄寫的內容。

一本書的抄寫練習

告知抄寫原則	・每週五天，每天抄寫兩頁 ・生詞、無法理解的句子或概念，應另外標示 ・規定抄寫時間
抄寫	給孩子一小時的時間抄寫。
抄寫後對話	針對抄寫的部分簡單對話，例如是否感到該書困難、無法理解的句子是哪些、覺得哪些地方較費心力、覺得哪裡有趣等。自由聊天即可。
共讀	和孩子一句一句閱讀抄寫的部分。 詢問孩子每一句的意思，並且將無法理解的句子和生詞另外標示。

每天抄寫一小時

抄寫時，**千萬不可像複寫紙一樣快速帶過。必須努力理解文章的內容，同時一字一句緩慢書寫。**抄寫並不容易，所以在孩子抄寫時，若能適當給予獎勵，將可提高孩子的學習動機。

對話

抄寫完後，和孩子一句一句閱讀，聊聊每個句子的意思。抱著聽孩子解說的心情參與即可。當孩子表示「我不知道」、「這裡讀不懂」時，不必急著向孩子說明，先讓孩子另外標示起來。整本書讀完後仍無法理解時，再透過網路百科辭典或其他書籍查詢即可。

摘要：繪製專屬於自己的知識地圖

如果抄寫是故事書的究極閱讀法，那麼摘要便是知識類圖書的究極閱讀法。知識類圖書的閱讀，必須是拿著鉛筆畫底線，並且筆記每個段落的主題。在此過程中，孩子自然養成了處理知識的方法和能力。摘要是在這個基礎之上發展出的閱讀法，藉由在筆記本上摘要整理知識類圖書的內容，將書中的知識結構乃至於知識本身完全內化。雖然效果顯著，不過孩子們在執行上容易遭遇困難。如果以摘要整理學校課業的方式來取代摘要知識類圖書，將可減少孩子的負擔，也能在課業上有良好表現。

表面看來，摘要筆記和在學校寫的各科筆記沒有兩樣。但是嚴格來說，各科筆記比摘要筆記更接近課程紀錄。**摘要的核心在於自行閱讀，掌握書本的關鍵後，將其系統化並謄寫於筆記本上**。唯有獨立完成這個過程，才能飛快成長。然而各科筆記是由老師完成上述過程，而非學生。學生們不過是抄寫老師摘要的結果而已。所以即使在課堂上抄寫各科筆記，處理知識的能力也不見任何成長。反之，當孩子自行閱讀教科書，並且以自己的方式整理筆記時，必能達到飛躍性的成長。語言能力傑出的優等生即使幾乎不閱讀，實際上也大多以這種方式學習。學習方法本身就是摘要，所以在準備學校課業的過程中，自然而然提升了語言能力。

當然，比起真正意義上的知識類圖書，教科書更接近於型錄，效果有所侷限。儘管如此，也比什麼都不做的孩子更能發揮天壤之別的威力。

不曾以摘要方式學習國中課業的孩子，其實多在升上高中後面臨苦戰。由於極度缺乏深入閱讀知識類文章的訓練，他們根本無法理解高中教科書的內容。舉個相當簡單的例子來說：

哈伯發現部分天體並非星雲，而是在我們銀河系之外的其他銀河。這項發現多虧天文學家勒維特指出，脈動變星的絕對星等與週期之間存在特殊的相關性。脈動變星是指週期性收縮與膨脹引起亮度變化的恆星。曾觀測過數千顆脈動變星亮度的勒維特發現，絕對星等值越低，亮度越亮的星，光變週期越長；而絕對星等值越高，亮度越暗的星，光變週期越短。我們稱之為「勒維特定律」或「脈動變星的週光關係」。

——摘自《高中自然》

這段引文摘自韓國高中一年級自然課本的內容，是每頁平均會出現一次、程度相當普通的概念說明。讓高中一年級孩子讀這段文字，能在五分鐘內了解意思的孩子，十人之中恐怕不到一兩人。多數孩子表示自己不知道什麼意思，甚至有孩子說自己快吐了。可見得是非常難理解的內容。以教科書的程度來看，這段不到兩百字的簡短文章都無法理解的孩子，自然沒有學得好的道理。而且這些孩子即使想嘗試摘要閱讀法，也無從下手。因為無法理解，所以不知道文章的關鍵所在；又因為不知道文章的關鍵所在，所以不知道該從何下筆。

從國中小學階段開始以摘要方式學習的孩子，一直以來都是以一己之力解讀知識，所以能輕鬆掌握這個段落的核心。

這個段落的核心，在於哈伯得以發現銀河距離的方法——「脈動變星的週光關係」。教科書原文還特別親切地以粗體標示。

下頁的筆記是最基本的摘要。能夠做到這種程度，就能得到不錯的在校成績。既然都要學習，不如趁機培養知識處理能力，如果是要準備學測，只要讀得更深入就行。例如教科書上只有簡單說明的「脈動變星」、「勒維特」，可以透過網路百科辭典深入查詢。在學習的同時，利用這種方式掌握教科書中出現的詞彙的定義，孩子既可以更精準地掌握知識，也能培養豐富的常識。在這個過程中，處理知識的能力和語言能力將有飛躍性的成長。而透過這種方法培養起來的語言能力，也將在緊接而來的在校成績中大放異彩。因為學習效率更高，成績也隨之提高，最重要的是學測成績也將大幅進步。

請耐心引導孩子學會自行摘要學校的教科書，這才是真正能讓孩子在大考競賽中贏得勝利的自我主導型的學習。

〈脈動變星的週光關係〉　天文學家勒維特

★什麼是脈動變星？

週期性收縮與膨脹引起亮度變化的恆星

—光變週期（發光的週期）越～～長～～～～～～

絕對星等值越低↓越亮（發亮～～～發亮～～～～～～發亮）

—光變週期（發光的週期）越．短～

絕對星等值越高↑越暗（發亮．發亮．發亮．發亮．發亮）

第十四課 培養概念能力的摘要閱讀法

適用年齡：國中以上

這個方法是摘要整理一本成人知識類圖書，藉此訓練知識處理能力的閱讀法。在執行這個閱讀法前，必須先具備能閱讀成人知識類圖書並歸納核心內容的能力。如果不具備這種能力，將無從下手，可以說這是已經具備相當程度的孩子，為了強化知識處理能力而使用的方法。在充分練習過〈第九課〉和〈第十課〉後挑戰，即可看見驚人的效果。

知識類圖書的摘要方法

閱讀知識類圖書的第一章	精讀一遍第一章。
用鉛筆標示各個段落的核心內容或不熟悉的部分	重頭閱讀讀過的部分。必須一邊拿著鉛筆一一標示，一邊進行解析式閱讀。
重新閱讀，完全掌握內容	重新精讀一遍，同時思考該如何摘要。
將內容整理於摘要筆記上	將內容整理於摘要筆記上

完全理解第一章

完全理解書本內容後，如果無法以自己的方式將內容概念化，將無法完成摘要。**藉由反覆閱讀完全理解第一章的份量後，必須思考以何種方式進行摘要。**

撰寫摘要筆記

摘要等於繪製一幅涵蓋書本內容的知識地圖。光是摘要一本書，處理知識的能力就能大幅提升。此外，摘要筆記本身發揮了知識儲藏庫的功能，即使經過數年，只要再讀一遍摘要筆記，便能清晰地回想起書中的內容。

結語

當閱讀不為學習時，才能養成學習腦

我在備課時，心裡總想著「只為一個孩子」。我不斷告訴自己：「只要引導孩子進入閱讀的世界，哪怕只有一個孩子也好，就算成功了。」授課對我而言是如此艱難的挑戰。說來也可笑，當我真正授課時，這個想法卻瞬間消失。看著孩子們認真聆聽我講課的眼神，還有課後孩子們仍不斷提出無窮無盡的問題時，都讓我陷入某種錯覺，以為自己已經帶領數十位學生進入閱讀的世界。但是事後重新回想，卻又覺得內心無比沉重。我真的至少帶領了一個孩子進入閱讀的世界嗎？我越想越沒有信心。

因為孩子們聽課時，似乎已經搞懂了該如何執行閱讀教育，但是進入實際操作後，卻並不順利。在教學現場上和孩子們一起閱讀的我，豈會不知道箇中辛苦？所以我想出的辦法，正是這本《小學生快速提升閱讀素養課》。與上完課後便煙消雲散的課程不同，書本隨時都可以翻閱參考。

「最近讀書和以前不一樣了，看競爭有多激烈啊。」

經常可以聽見身旁的人這麼說。聽說親戚某某人在接受英文胎教，某某人正在上英文幼稚園；聽說鄰居某某人在參加某個教育課程，某某人正在上講師陣容堅強的知名補習班。聽見這些消息，我們心中不禁出現疑惑和不安。只靠閱讀，真的能追上那些孩子嗎？再這樣下去，我家孩子會不會輸人一截？

我能理解父母們憂慮的心情。聽見「棄英族」（放棄英文的學生）、「棄數族」（放棄數學的學生）這類令人恐懼的詞彙，或是看見隔壁曾經是資優生的孩子，上了國中或高中後成績一落千丈，父母總會脫口說出「我家孩子可不能變成那樣」，這是人之常情。就算不是私人教育，也想趕快抓住任何一根救命的稻草。誰不是那樣呢？

即使我們深陷早期教育和私人教育的洪流而感到迷茫時，也別忘了這點：早期教育、私人教育當下或許可以立刻解決父母們的不安和焦急、疑惑，但是效果無法延續到讓孩子大考贏得勝利。

過去十餘年來，我拿著各種測驗工具，站在教育這條河流的中央。這是為了找出什麼原因左右了孩子的成績，以及哪些才是最有效的教育方法。透過許多孩子和各種指標、研究資料，我得以了解兩個明確的事實。

第一，站在教科書難易度的觀點來看，近年來課業學習和過去沒有差別。過去課業中困難的部分，與今日課業困難的部分相當。英文、數學、國文、歷史、社會、自然都是一樣的。所以近來讀書和過去不同的說法，不過是煽動恐懼的市場策略，沒有任何根據。不同之處只在於近來多數孩子早早開始借用私人教育的力量學習，所以自主學習的力量極其微弱。

第二，孩子的成績最終會回歸孩子的學習腦，也就是孩子的語言能力。再怎麼學習豐富的課程知識，再怎麼參加大量的先修班，語言能力低落的孩子成績終究會退步。反之，即使缺乏課程知識、基礎不穩，語言能力優異的孩子成績終究會進步。差別只在於發生得早或晚而已。有些孩子在進入國中後，或是進入高中後，開始考出符合自身語言能力的成績。這是大數據告訴我們的客觀事實。

您希望孩子會讀書嗎？希望孩子贏得勝利嗎？如果是，請將閱讀放在優先順位。別因為背英文單字而放棄閱讀，也別為了解開數學題而推遲閱讀。如果真心希望孩子學習表現良好，請將閱讀放在第一順位，並為孩子營造放心閱讀的環境，讓孩子感受閱讀的樂趣。

要將閱讀放在第一順位，其實並不容易。即便如此，也不是完全辦不到的事情。請相信閱讀的孩子。

請透過書本培養孩子的語言能力。只要配合孩子的年齡和程度，按部就班進行即可。希望屆時本書可以成為父母們的一盞小小明燈。

在結語的最後，我想向父母們再次強調提升孩子閱讀能力的最大原則。

「您希望透過書本讓孩子成為資優生嗎？那麼請讓孩子閱讀他覺得有趣的書。充滿樂趣的閱讀才能成就孩子的成長。」

二〇一八年四月五日

崔勝弼

參考文獻

- EBS Madia，鄭英美，《EBS Docuprime ——慢讀，培養思考的力量》，韓國：KyungHyang Media，2015.10.29。
- EBS，〈Docuprime ——教育大企業第十部：學校是什麼？〉，韓國，2010.11.15-12.01。
- EBS，〈世界教育現場－第一篇：芬蘭的幼稚園教育，玩得盡興，才會讀書！〉，2010.04.12。
- EBS，〈共讀的力量〉，韓國，2016.11.06。
- EBS 學習的王道製作小組，《EBS 學習的王道》，韓國：Yedam Friend，2010.

12.30。
- JTBC 藝能節目，〈非首腦會談〉，韓國，2017.05.15。
- KBS 水曜企劃，〈領導世界的百分之一天才的閱讀法〉，韓國，2011.11.16。
- KBS 特輯紀錄，〈閱讀的大韓民國，閱讀革命〉，韓國，2009.05.05-05.06。
- KBS 閱讀革命製作小組、申成旭，《腦袋聰明的孩子》，韓國：MotherBooks，2010.01.25。
- 丁賢淑，《公立教育天堂荷蘭》，韓國：Hanul，2012.04.16。
- 加藤周一，《高效能讀書技巧》，臺灣：新迪，1999.09.30。
- 玄殷子，《世界圖畫書的歷史》，韓國：學志社，2008.10.28。
- 申成旭，《焦躁的家長毀了孩子的腦》，韓國：Across，2014.06.24。
- 企劃財政部，〈二〇一六年世界經濟論壇（WEF）國家競爭力評鑑結果〉，韓國，2016.09.27。
- 伊恩・萊斯里（Ian Leslie），《重拾好奇心：讓你不會被機器取代的關鍵》，臺灣：

新樂園，2017.03.08。

- 伊藤氏貴，《奇跡の教室－エチ先生と『銀の匙』の子どもたち》，日本：小学館，2012.10.21。
- 安東尼・塞蒂揚熱（Antonin Gilbert Sertillanges），《*La Vie Intellectuelle; Son Esprit, Ses Conditions, Ses Méthodes*》，法國：Andesite Press，2016.06.20。
- 安紋，〈幼兒幸福教育三：送走早期教育，選擇適合腦部發育的「適期教育」〉，韓國：BabyTime，2014.06.26。
- 朴星基，《德國教育為何強大？》，韓國：Sallimteo，2014.11.28。
- 朴賢謨等，《世宗的書齋》，韓國：西海文集，2016.08.05。
- 米哈里・奇克森特米海伊（Mihaly Csikszentmihalyi），《生命的心流：追求忘我專注的圓融生活》，臺灣：天下文化，1998.07.10。
- 希爾・馬戈林（Hil Margolin），《學習的猶太人》，韓國：日常以上，2013.03.29。
- 李炫昊，〈越早學韓文，閱讀和語彙能力越差〉，韓國：EDUJIN 網路教育新聞，

2017.04.07。

- 李相州，《朝鮮名家的閱讀教育法》，韓國：Ntbook，2011.04.11。
- 李惠貞，《首爾大學裡誰拿A^{+}？》，韓國：茶山教育，2014.10.15。
- 李熙秀，〈針對韓國成人閱讀理解情況的OECD國際比較調查研究〉，韓國教育開發院，2001.12.31。
- 李禧錫，《閱讀創造了我》，韓國：godswin，2008.11.20。
- 実川真由、実川元子，《受けてみたフィンランドの教育》，日本：文藝春秋，2007.09.14。
- 帕思・薩爾博格（Pasi Sahlberg），《芬蘭教育這樣改！全球第一個教改成功案例教我們的事》，臺灣：商周，2013.01.05。
- 林公，《朝の読書 実践ガイドブック——一日10分で本が好きになる》，日本：メディアパル，1997.05.01。
- 林源基，《夢想當一回賈伯斯》，韓國：totobook，2011.03.20。

- 法蓋（Émile Faguet），《*L'Art De Lire*》，法國：Hachette，1912。
- 肯・貝恩（Ken Bain），《如何訂做一個好學生：好學生深度學習指南及未來生涯規劃》，臺灣：大塊文化，2014.02.27。
- 金定鎮，《閱讀不敗》，韓國：自由路，2005.02.15。
- 金昌熙，《打造第一名的閱讀革命》，韓國：Gloseum，2009.03.11。
- 金昌熙，《會讀書的孩子一定大獲成功》，韓國：HANS Media，2006.04.03。
- 金珍香，《吃書的孩子們》，韓國：青色思想，2005.06.10。
- 金娜萊，〈溫度計的哲學，國內翻譯出版……獨步科學哲學界的鬼才，英國劍橋大學張夏碩教授〉，韓國：國民日報，2013.11.14。
- 金基中，〈女學生成績比男學生高的原因是……〉，韓國：首爾新聞，2015.08.17。
- 金熙三，《為什麼自我主導學習比私人教育重要？》，韓國：韓國開發研究院（KDI），2013.03.28。
- 金銀河，《英國的閱讀教育》，韓國：大教，2009.07.15。

- 金銀河，《閱讀教育，該怎麼做？》，韓國：學校圖書館專刊，2014.12.05。
- 侯瑞・夏提埃（Roger Chartier），《*Histoire de la lecture dans le monde occidental*》，法國：Éditions du Seuil，1997。
- 姜希貞，〈智慧型手機擴散至各年齡層……「中學生十有九人使用」〉，韓國：亞洲經濟，2016.12.19。
- 約翰・瑞提（John Ratey），《*A User's Guide to the Brain: Perception, Attention, and the Four Theaters of the Brain*》，美國：Tantor Audio，2018.02.20。
- 高英聖、申榮俊，《完美閱讀法》，韓國：Rok Media，2017.01.06。
- 理查・尼茲彼（Richard E. Nisbett），《*Intelligence and How to Get It*》，美國：W. W. Norton & Company，2009。
- 麥可・莫瑞茲（Michael Moritz），《賈伯斯為什麼這麼神：唯一授權後卻反目的第一手傳記》，臺灣：大是文化，2010.10.26。
- 喬・迪斯本札（Jeo Dispenza），《*Evolve Your Brain: The Science of Changing Your*

Mind》，美國：HCI，2008.10.22。

- 森昭雄，《小心電玩腦！》，臺灣：遠流，2005.05.10。
- 華特・艾薩克森（Walter Isaacson），《賈伯斯傳：Steve Jobs 唯一授權（最新增訂版）》，臺灣：天下文化，2017.09.30。
- 萊特納（Sebastian Leitner），《用功知道》，臺灣：網路與書出版，2006.01.17。
- 瑪莉安・沃夫（Maryanne Wolf），《普魯斯特與烏賊》，臺灣：商周，2009.06.04。
- 福田誠治，《格差をなくせば子どもの学力は伸びる 驚きのフィンランド教育》，日本：日本：亜紀書房，2007.06.04。
- 福田誠治，《競争やめたら学力世界一——フィンランド教育の成功》，日本：朝日新聞社，2006.05.01。
- 蔡彰均、申東俊，〈讀書、讀報與學業成就度及就業〉，韓國：韓國職能開發院，2015.11.26。
- 樺澤紫苑，《高材生的讀書術》，臺灣：人類智庫，2017.04.07。

- 橋本武，《百歲老師的奇蹟教室：不用國文教科書，成為升學第一名校的祕密！》，臺灣：智富，2013.04.30。
- 齋藤孝，《大人的讀書全技術：學會一分鐘抓住人心的關鍵字！》，臺灣：李茲文化，2016.11.02。
- 齋藤孝，《讀書力》，臺灣：臺灣商務，2006.11.01。
- 藤原和博，《如何有效閱讀》，中國：北京聯合出版公司，2019.05.01。
- 權玉京，《朗讀圖畫書的時間》，韓國：BOOK BY BOOK，2016.05.06。

附錄

本書介紹的書籍

故事書

1. 蓋瑞．伯森（Gary Paulsen），《手斧男孩》，臺灣：野人，2005.07.08。
2. 熊田勇，《我的肚子變白的原因》，臺灣：和融出版社，2011.01.26。
3. 具竝模，《魔法麵包店》，臺灣：天培文化，2013.11.01。
4. 權正生，《哆基朴的天空》，韓國：Gilbutkid，1996。
5. 權正生，《夢實姐姐》，韓國：創批，2012.04.25。
6. 金呂玲，《少年菀得》，韓國：創批，2008.03.17。
7. 中勘助，《銀之匙》，臺灣：大塊文化，2016.04.26。
8. 大衛．香農（David Shannon），《小毛，不可以！》，臺灣：維京，2013.11.01。

9. 羅伯特・牛頓・派克（Robert Newton Peck），《不殺豬的一天》，臺灣：英文漢聲，2011.02.01。
10. 羅德・達爾（Roald Dahl），《巧克力冒險工廠》，臺灣：小天下，2011.01.25。
11. 路易斯・薩奇爾（Louis Sachar），《洞》，臺灣：小魯文化，2007.10.25。
12. 麥克・安迪（Michael Ende），《說不完的故事》，臺灣：遊目族，2013.05.08。
13. 白希那，《白雲麵包》，臺灣，維京，2018.02.01二版。
14. 聖修伯里（Antoine de Saint-Exupery），《小王子》，臺灣：木馬文化，2010.01.11。
15. 耶里希・凱斯特納（Erich Kästner），《雙胞胎麗莎與羅蒂》，臺灣：志文出版社，1994.08.01。
16. 韋達（Ouida），《龍龍與忠狗》，臺灣：寂天，2006.02.08。
17. 詹姆斯・普雷勒（James Preller），《旁觀者》（Bystander），美國：St Martin's Press，2009.09.29。（目前無中譯）
18. 常新港，《變身狗》，中國：春風文藝出版社，2014.07.01。
19. 黑野伸一，《無論如何！——小董上國中》（どうにかしたい！—すみれ in Junior

high school），日本：理論社，2010.03.10。（目前無中譯）

20. 克莉絲蒂娜・諾斯特林格（Christine Nöstlinger），《米妮當偵探》，中國：中國少年兒童出版社，2017.03.01。

21. 克莉絲蒂娜・諾斯特林格，《小黃瓜國王》，臺灣：時報出版，1996.03.30。

22. 芙蘭奇絲卡・畢爾曼（Franziska Biermann），《愛吃書的狐狸先生》，臺灣：三采，2016.02.19。

23. 菲莉帕・皮爾斯（Philippa Pearce），《安妮房中的鬼》（The Ghost in Annie's Room），英國：Walker Books，2001.07.09。（目前無中譯）

24. 灰谷健次郎，《你討厭臘腸狗老師嗎?》（きみはダックス先生がきらいか），日本：大日本圖書，1981.04.30。（目前無中譯）

25. 梅爾維爾（Herman Melville），《白鯨記》，臺灣：聯經出版公司，2019.07.12。

26. 《春香傳》（此為韓國家喻戶曉的古典文學作品，故不另附出版訊）

27. 《三隻小豬》

知識類圖書

1. 馬基維利（Niccolo Machiavelli），《君主論》，臺灣：臺灣商務，1998.11.15。
2. 比爾・布萊森（Bill Bryson），《萬物簡史》，臺灣：天下文化，2006.09.28。
3. 康德（Immanuel Kant），《純粹理性批判》，臺灣：聯經出版公司，2020.07.24。
4. 盧梭（Jean-Jacques Rousseau），《民約論》，香港：商務，2018.01.12。
5. 馬克思（Karl Marx），《資本論》，臺灣：聯經出版公司，2017.10.01。
6. 薩根（Carl Sagan），《宇宙・宇宙》，臺灣：遠流出版，2010.08.10。
7. 保羅・戴維斯（Paul Davies），《上帝與新物理學》，中國：湖南科學技術出版社，2018.01.01。

family field
親子田 親子田系列 043

小學生快速提升閱讀素養課
공부머리 독서법

作　　者　崔勝弼
譯　　者　林侑毅
總 編 輯　何玉美
責任編輯　洪尚鈴
封面設計　楊雅屏
內頁排版　JGD

出版發行　采實文化事業股份有限公司
行銷企劃　陳佩宜・黃于庭・蔡雨庭・陳豫萱・黃安汝
業務發行　張世明・林踏欣・林坤蓉・王貞玉・張惠屏
國際版權　王俐雯・林冠妤
印務採購　曾玉霞
會計行政　王雅蕙・李韶婉・簡佩鈺
法律顧問　第一國際法律事務所　余淑杏律師
電子信箱　acme@acmebook.com.tw
采實官網　www.acmebook.com.tw
采實臉書　www.facebook.com/acmebook01

I S B N　978-986-507-352-7
定　　價　430 元
初版一刷　2021 年 5 月
劃撥帳號　50148859
劃撥戶名　采實文化事業股份有限公司
104 臺北市中山區南京東路二段 95 號 9 樓
電話：(02)2511-9798　傳真：(02)2571-3298

國家圖書館出版品預行編目資料

小學生快速提升閱讀素養課 / 崔勝弼著 ; 林侑毅譯 . -- 初版 . -- 臺北市 : 采實文化事業股份有限公司 , 2021.05; 336 面 ; 14.8x21 公分 . -- (親子田系列 ; 43)
譯自 : 공부머리 독서법
ISBN 978-986-507-352-7(平裝)
1. 閱讀指導 2. 小學教育
523.31　　110003851